体が硬い人のための

関節が柔らかくなるストレッチ&筋トレ

荒川裕志

PHP
ビジュアル
実用BOOKS

Contents

体が硬い人のための関節が柔らかくなるストレッチ&筋トレ

序章 筋トレで体は柔らかくなる

第1章 筋トレ+ストレッチの相乗効果

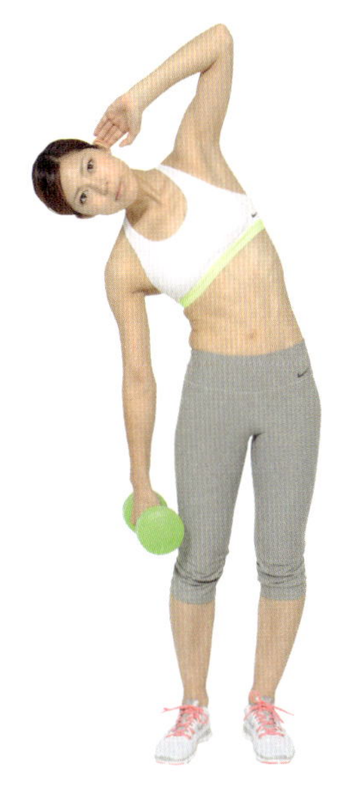

第2章 筋トレ+ストレッチ 体幹

第3章

筋トレ＋ストレッチ　股関節

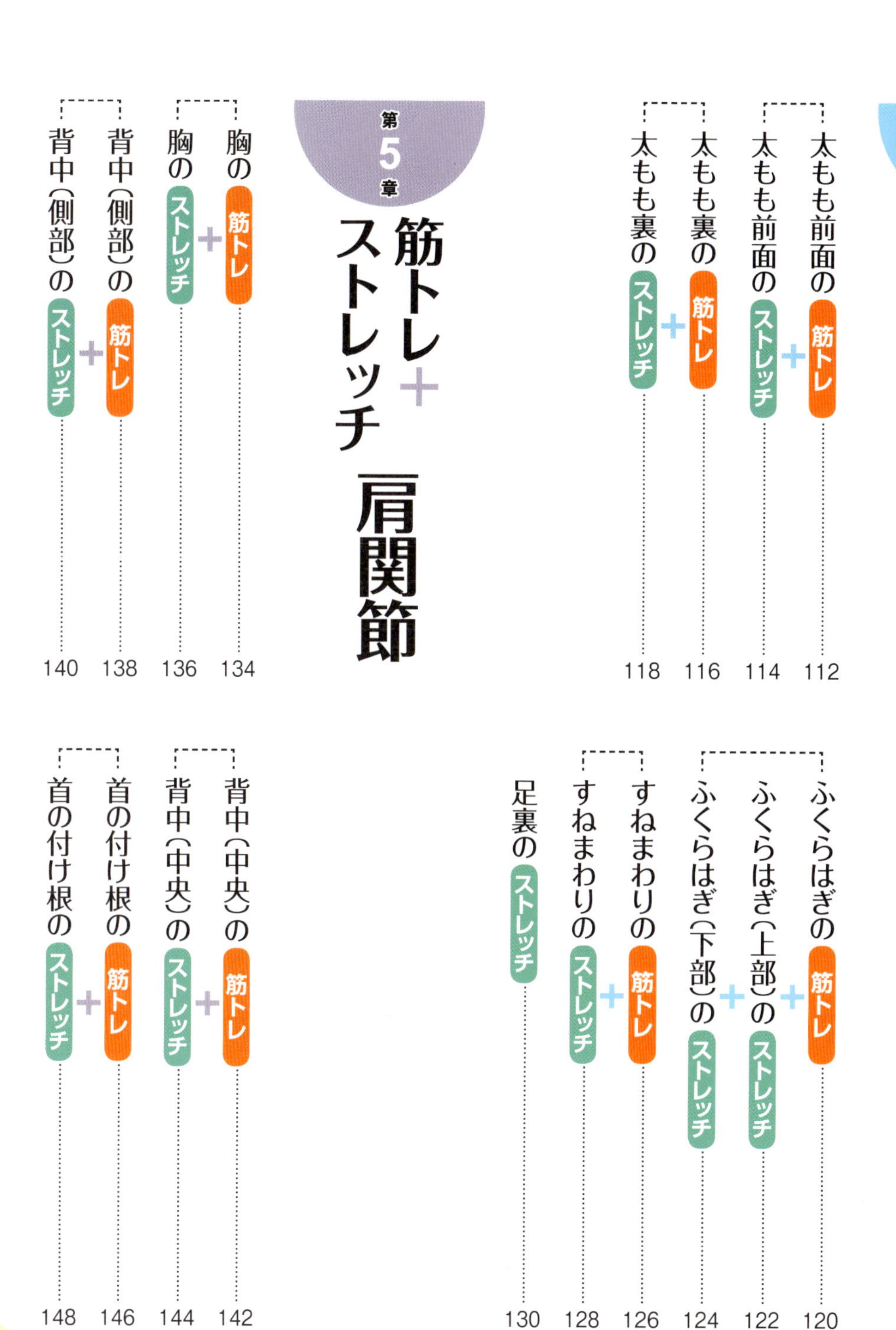

第4章 筋トレ＋ストレッチ ヒザ関節&足関節

第5章 筋トレ＋ストレッチ 肩関節

第6章 筋トレ＋ストレッチ ヒジ関節＆手関節

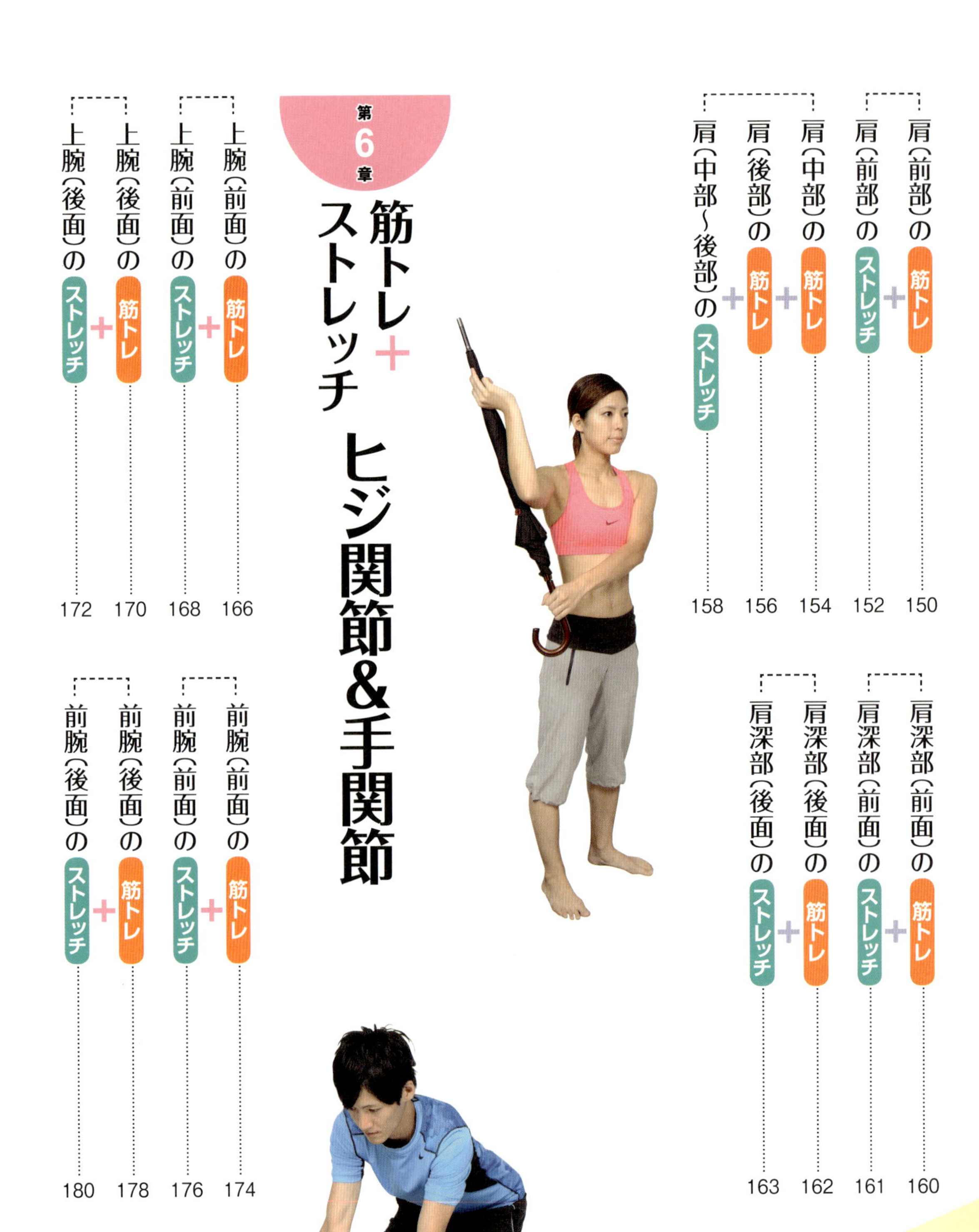

第7章

目的別プログラム

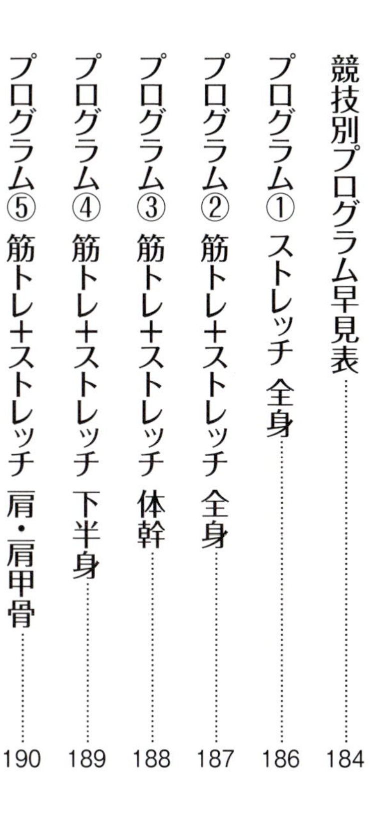

主な筋肉

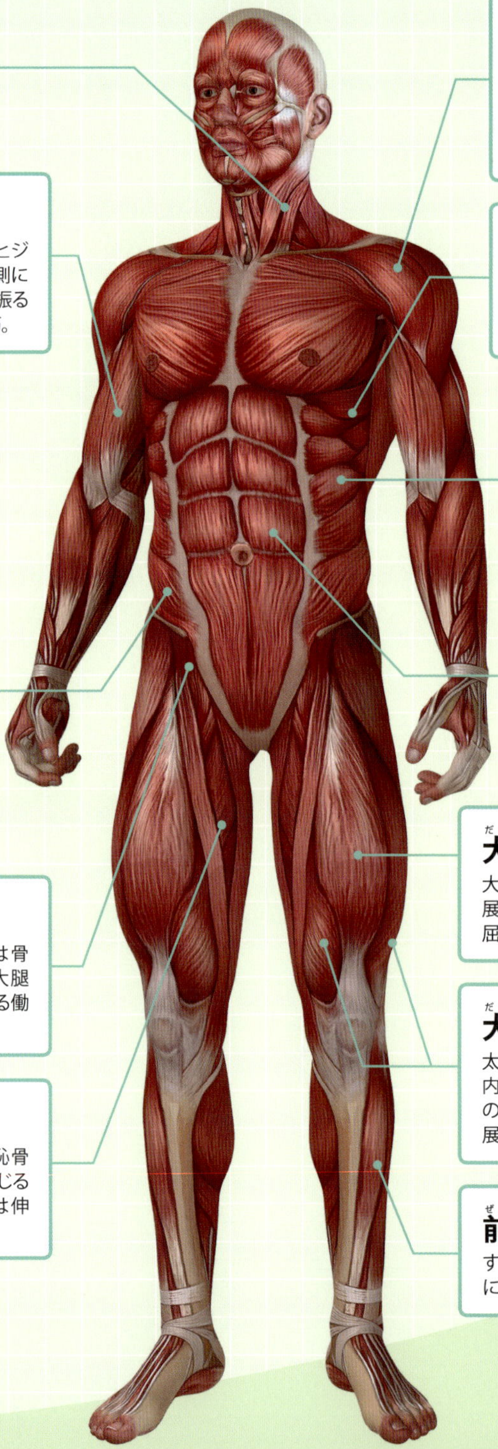

胸鎖乳突筋
鎖骨から耳の後ろへ伸びている筋肉。主に首を回す働き（回旋）がある。

上腕二頭筋
力こぶをつくる上腕前面の筋肉。ヒジ関節の屈曲だけでなく、前腕を外側にひねる働き（回外）や、腕を前方に振る働き（肩関節屈曲）もある二関節筋。

内腹斜筋
腹部側面の深部にある筋肉。主に背中を横に曲げる働き（体幹側屈）、同じ方向へひねる働き（体幹回旋）がある。

腸腰筋※深層
腸骨筋と大腰筋の総称。腸骨筋は骨盤から、大腰筋は腰椎から脚の大腿骨につながる。主に脚を前方に振る働き（股関節屈曲）がある。

内転筋
大内転筋、長内転筋、短内転筋、恥骨筋などの筋群。主に脚を内側に閉じる働き（股関節内転）があり、一部は伸展・屈曲にも作用する。

三角筋
肩を覆う筋肉。中部は腕を側方に上げる働き（肩関節外転）、前部は前方に振る働き（肩関節屈曲、水平内転）、後部は後方に振る働き（肩関節伸展、水平外転）がある。

前鋸筋
脇の下のギザギザ部分の筋肉。肩甲骨を前に出す働き（外転）、内側に回す働き（上方回旋）がある。

外腹斜筋
腹部側面の表面にある筋肉。主に背中を横に曲げる働き（体幹側屈）や、反対方向へひねる働き（体幹回旋）をもつ。

腹直筋
6～8個に割れている腹筋はこの筋肉を指す。背中を丸める働き（体幹屈曲）をもつ。

大腿四頭筋（大腿直筋）
大腿四頭筋の中でも、ヒザ関節の伸展だけでなく、脚を前方に振る股関節屈曲の働きもある二関節筋の部分。

大腿四頭筋（広筋群）
太もも前面にある大腿四頭筋のうち、内側広筋、中間広筋（深部）、外側広筋の三筋を広筋群という。ヒザ関節の伸展作用をもつ単関節筋。

前脛骨筋
すね前面にある筋肉。つま先を上方に振る働き（足関節背屈）がある。

知っておこう

全身の

棘下筋（ローテーターカフ）
ローテーターカフのなかで、唯一表層にある筋肉。主に肩関節の外旋作用がある。

脊柱起立筋
※深層

脊柱の両サイドに付着し、主に背中を反らせる働き（体幹伸展）がある筋群の総称。腸肋筋（外側）、最長筋（内側）、棘筋（深部）などで構成されている。

中殿筋
お尻上部の両サイドにある筋肉。主に脚を外側に開く働き（股関節外転）がある。

大殿筋
お尻にある大きな筋肉。主に脚を後方に振る働き（股関節伸展）や、外側にひねる働き（外旋）がある。

ハムストリング
半膜様筋（内側）、半腱様筋（内側）と大腿二頭筋（外側）の総称。ヒザ関節屈曲筋のイメージが強いが、脚を後方に振る股関節伸展の作用もある二関節筋。

ヒラメ筋
ふくらはぎにある腓腹筋の深部にある平たい筋肉で、足首を伸ばす足関節底屈の働きがある。

僧帽筋
背中上部にある筋肉で、上部は前からも見える。肩甲骨を上げる（挙上）、寄せる（内転）、内側に回す（上方回旋）働きがある。

小円筋（ローテーターカフ）
※深層

肩甲下筋、棘上筋、棘下筋とともにローテーターカフ（回旋筋腱板）を構成。上腕を外側にひねる肩関節外旋の作用をもつ。

大円筋
広背筋の上に位置する筋肉。肩関節の伸展・内転・内旋の働きをもつ。

上腕三頭筋
上腕後面にあり、ヒジを伸ばす働きがある。脇に近い長頭は腕を下方に振る働き（肩関節伸展・内転）もある二関節筋。

広背筋
背中の両サイドにある平たい筋肉。主に腕を内側や後方に振る働き（肩関節内転・伸展・水平外転）がある。

腓腹筋
ふくらはぎの上部にあり、ヒラメ筋の表面に位置する筋肉。足首を伸ばす働き（足関節底屈）に加え、ヒザを曲げる働きもある二関節筋。

本書の読み方

本書では、第2～6章において、部位別に「筋トレ＋ストレッチ」の組み合わせを提案しています。同じ部位（筋肉）がターゲットの「筋トレ種目」と「ストレッチ種目」を続きのページでセットメニューとして紹介しています。

筋トレページの読み方

本書における筋トレ種目のページでは、ターゲットとなる筋肉を鍛えるだけでなく、エキセントリック（→P.20）で筋肉をしっかりストレッチするためのポイントも解説しています。

ストレッチポジション

各筋トレ種目において、ターゲットの筋肉がエキセントリックで最もストレッチされるポジション。ストレッチポジションに到達するための正しいフォームも解説。

バリエーション

メインで紹介している筋トレ種目と同じ筋肉（部位）を鍛えながら伸ばせる別種目を紹介。

伸ばされる筋肉

トレーニングのターゲットになるとともに、エキセントリックの局面で力を発揮しながら伸ばされる筋肉を表示。ターゲットとなる筋肉が複数の種目もあり。

ストレッチ or トレーニング

ここを見れば各種目が「筋トレ」なのか「ストレッチ」なのか判別できる。「トレーニング」に色が付いていれば筋トレ種目。

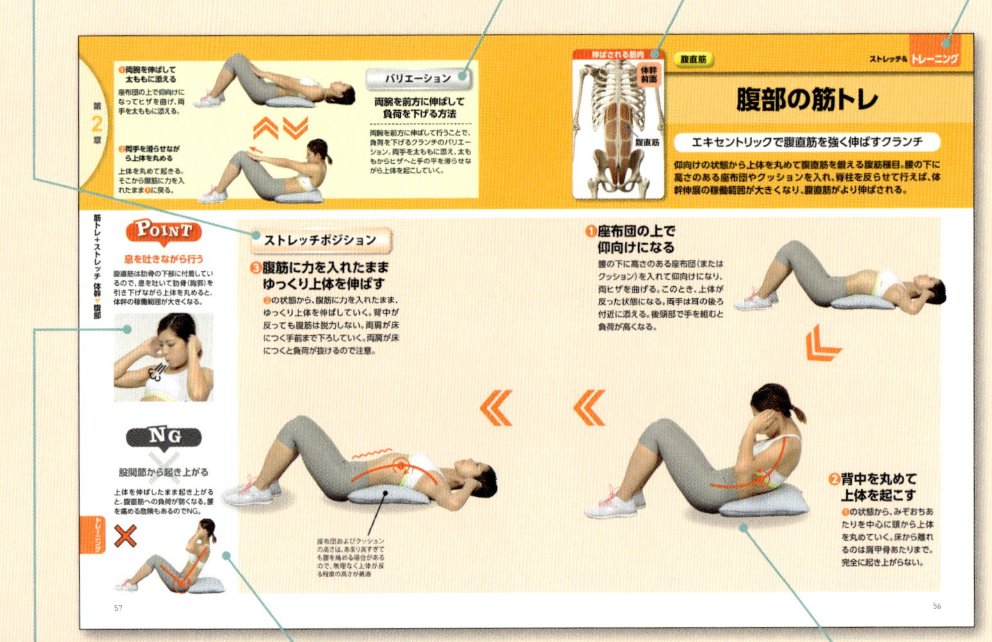

伸ばされる筋肉　体幹前面　腹直筋

腹直筋　ストレッチ&トレーニング

腹部の筋トレ

エキセントリックで腹直筋を強く伸ばすクランチ

仰向けの状態から上体を丸めて腹直筋を鍛える腹筋種目。腰の下に高さのある座布団やクッションを入れ、脊柱を反らせて行えば、体幹伸展の稼働範囲が大きくなり、腹直筋がより伸ばされる。

❶座布団の上で仰向けになる
腰の下に高さのある座布団（またはクッション）を入れて仰向けになり、両ヒザを曲げる。このとき、上体が反った状態になる。両手は耳の後ろ付近に添える。後頭部で手を組むと負荷が高くなる。

❷背中を丸めて上体を起こす
❶の状態から、みぞおちあたりを中心に頭から上体を丸めていく。床から離れるのは肩甲骨あたりまで。完全に起き上がらない。

56

ストレッチポジション

❸腹筋に力を入れたままゆっくり上体を伸ばす
❷の状態から、腹筋に力を入れたまま、ゆっくり上体を伸ばしていく。背中が反っても腹筋は脱力しない。両肩が床につく手前まで下ろしていく。両肩が床につくと負荷が抜けるので注意。

座布団およびクッションの高さは、あまり高すぎても腰を痛める場合があるので、無理なく上体が反る程度の高さが最適

POINT
息を吐きながら行う
腹直筋は肋骨の下部に付着しているので、息を吐いて肋骨（胸郭）を引き下げながら上体を丸めると、体幹の稼働範囲が大きくなる。

NG
股関節から起き上がる
上体を伸ばしたまま起き上がると、腹直筋への負荷が弱くなる。腰を痛める危険もあるのでNG。

筋トレ+ストレッチ　体幹▼腹部

トレーニング

57

第2章

バリエーション
両腕を前方に伸ばして負荷を下げる方法
両腕を前方に伸ばして行うことで、負荷を下げるクランチのバリエーション。両手を太ももに添え、太ももからヒザへと手の平を滑らせながら上体を起こしていく。

❶両腕を伸ばして太ももに添える
座布団の上で仰向けになってヒザを曲げ、両手を太ももに添える。

❷両手を滑らせながら上体を丸める
上体を丸めて起きる。そこから腹筋に力を入れたまま❶に戻る。

POINT

ターゲットの筋肉にしっかり負荷をかけるためのポイント、またはエキセントリックでしっかりストレッチするためのポイントを解説。

NG

各種目を行ううえで、起こりやすいミスや間違ったフォームを実例とともに解説。なぜNGなのかもわかりやすく説明している。

基本フォーム

各筋トレ種目を効果的に行うための正しいフォームを解説。通常、2コマ目の「写真❷」が、各筋トレ種目において、ターゲットの筋肉に負荷がかかって収縮しているポジションとなる。

ストレッチページの読み方

本書におけるストレッチ種目のページでは、ターゲットとなる筋肉をしっかり効果的にストレッチするためのポイントを解説しています。

硬い人向け

体が硬い人でも実践できる方法を紹介。メインで紹介しているストレッチ種目と同じ筋肉(部位)を、無理のない体勢でソフトに伸ばせる別種目や、フォームのアレンジについて解説している。

バリエーション

メインで紹介しているストレッチ種目と同じ筋肉(部位)を伸ばすことができる別種目を紹介。

伸びる筋肉

ストレッチのターゲットとなる筋肉を表示。ターゲットとなる筋肉が複数の種目もあり。

ストレッチ or トレーニング

ここを見れば各種目が「筋トレ」なのか「ストレッチ」なのか判別できる。「ストレッチ」に色が付いていればストレッチ種目。

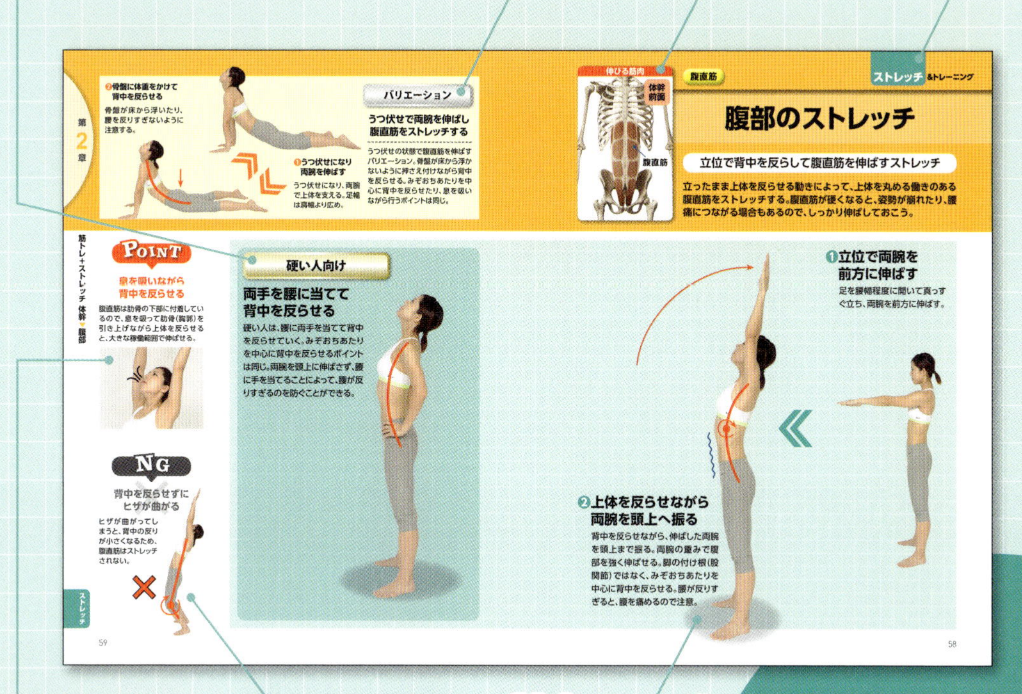

POINT

ターゲットの筋肉をしっかりストレッチするためのポイントを解説。ここのポイントを押さえれば効果的なストレッチが実践できる。

NG

各種目を行ううえで、起こりやすいミスや間違ったフォームを実例とともに解説。なぜNGなのかもわかりやすく説明している。

基本フォーム

各ストレッチ種目を効果的に行うための正しいフォームを解説。通常、2コマ目の「写真❷」が、各ストレッチ種目において、ターゲットの筋肉が最もストレッチされているフォームとなる。

筋トレ+ストレッチの実践方法

基本的に「筋トレ」→「ストレッチ」の順が効果的。「筋トレ+ストレッチ」の詳細な実践方法に関しては、序章と1章で解説しています。

腹部の「筋トレ+ストレッチ」(各1種目の例)

❶ 腹部の筋トレ(10回×3セット)

(※筋トレ種目の回数に関しては→P.36〜37を参照)

❷ 腹部のストレッチ(15〜30秒)

(※ストレッチ種目の伸ばす時間に関しては→P.30〜31を参照)

まえがき

本書は、筋力トレーニング（筋トレ）による柔軟性向上の効果に着目し、ストレッチと筋トレを組み合わせながら、体を効果的に柔らかくする方法をテーマにまとめた本です。

「筋トレで体を柔らかくする」と聞くと、最初は奇抜な方法をテーマにした本であるかのように感じられるかもしれません。なぜなら、「筋トレ」には一般的に、〝体が硬くなりそう〟なイメージがあるからです。ところが本文でも紹介するように、近年の研究知見によると、エキセントリック筋活動をともなう筋トレには筋肉を鍛える効果だけでなく、柔軟性を高める効果もあることが示されてきています。さらにこういった現象は、動物を対象とした実験においては、実は2000年以前からすでに確認されていました。つまり本書が提案する「筋トレで柔軟性を高める」という発想は、決して奇抜なものでも、目新しいものでもなく、研究結果にもとづいた極めて基本的な考え方なのです。

このように、「筋トレによる柔軟性向上」という発想は、研究の世界においては周知の現象でありながら、メディアなどで世間の目に触れることはほとんどありませんでした。ここに注目したのが本書です。「ストレッチ目的で筋トレを行う」という、本来当たり前にもかかわらず、当たり前に扱われてこなかった内容を一般の方々に紹介したという点で、画期的な実用書であるといえます。読者の皆様の柔軟性向上、健康増進、ひいては充実したライフスタイル実現に、本書が少しでもお役に立てれば幸いです。

荒川裕志

序章

筋トレで体は柔らかくなる

一般的に、筋肉を鍛えあげる「筋トレ」には、
〝体が硬くなる〟というイメージが定着しています。
しかし、その認識は間違いであり、それどころか
筋トレには〝体を柔らかくする〟効果があるのです。
本章では、筋トレで柔軟性が高まるメカニズムを解説します。

筋トレは最高のストレッチ

筋トレは一種のストレッチ

硬い体を柔らかくする方法として、あなたが真っ先に思い浮かべるのは、「ストレッチ」ではないでしょうか。柔軟性が低下すると、日常生活からスポーツにいたるまで、あらゆる場面で支障をきたします。体が硬くなってしまったことで、ストレッチをはじめたいと思っている人や、すでにストレッチを行っているという人も多いことでしょう。

反対に「筋トレ」と聞くと、〝体が硬くなりそう〟という印象を持っている人が多数派ではないでしょうか。筋トレ(筋力トレーニング)とは、筋肉を大きくすることや筋力アップを主な目的に行うエクササイズ。筋肉が盛り上がったボディビルダーの肉体などを見て、体が硬そうな印象を抱いている人が多いのは、仕方ないことといえます。

ところが、近年のトレーニング研究における知見によると、**筋トレは筋肉を鍛える効果だけでなく、柔軟性をむしろ高める効果もある**ということが示唆されています。筋トレには、これまでの「体が硬くなる」とい

近年のトレーニング研究で、筋トレには筋肉を鍛える効果だけでなく、ストレッチのように柔軟性を高める効果もあることがわかってきた

うイメージとはまったく正反対の効果を期待できることが新たにわかってきたのです。

ストレッチ目的で筋トレを行うという発想

そこで本書では、筋トレによる柔軟性向上の効果に着目し、**ストレッチに筋トレを組み合わせながら、体の柔軟性を効果的に高めていく**方法を解説していきます。

「ストレッチを続けているのになかなか体が柔らかくならない」という人は、漠然とストレッチを続けるのではなく、本書の内容をぜひ試してみてください。筋トレによる刺激が、ストレッチ効果の停滞した状況を、打破することが期待できます。

すでにストレッチによって柔軟性を高めることに成功している人にとっても、ストレッチと筋トレをバランスよく行うことによって、より一層柔軟な体が手に入るばかりでなく、強い筋力を広い可動域で発揮できるようになるなど、「動ける体作り」にもつながるのです。

体を柔らかくする筋トレのコツとポイント

以上のように、本書では筋トレを一般的な筋力アップの手段というより、むしろ「体を柔らかくするための手段」として位置づけています。

ですから、通常の筋力アップを目的として行う筋トレに比べ、効果を得るためのコツやポイントが少し違ってきます。

本書は、「体を柔らかくするための筋トレ」というこれまでにない視点で筋トレを解説しているため、筋トレの経験がある人も、各種目のコツやポイントをしっかり読んでから実践してください。

本書では、筋トレを筋力アップの手段ではなく、柔軟性向上の手段として、実施する際のコツやポイントを解説する

体が硬いとはどういう状態か？

「体が硬い」とは関節可動域が狭い状態

一般的に、「柔軟性が高い」という状態は、関節を広い範囲で動かせることを意味します。つまり、「体が硬い」状態とは、「関節の動く範囲（関節可動域）が狭い」状態を指します。

肩関節を例に説明すると、肩関節の可動域が広い人は、腕を大きく振ることができるのに対し、可動域の狭い人は、腕を小さな範囲でしか振ることができません。**関節可動域が広いと「体が柔らかい」、逆に狭いと「体が硬い」状態となるのです。**

また、体が硬い状態では、関節を動かす範囲に制限がかかるため、さまざまなデメリットが生まれます。日常生活では、かがんだり、腕を上げたりといった基本的な生活動作に支障が出るほか、姿勢が悪くなって体の歪みを誘発するリスクも高くなります。

スポーツにおいても、体が硬いと全身の関節を思い通りに動かすことが難しくなり、パフォーマンスレベルが低下します。さらに、ケガを誘発する因子にもなってしまうのです。

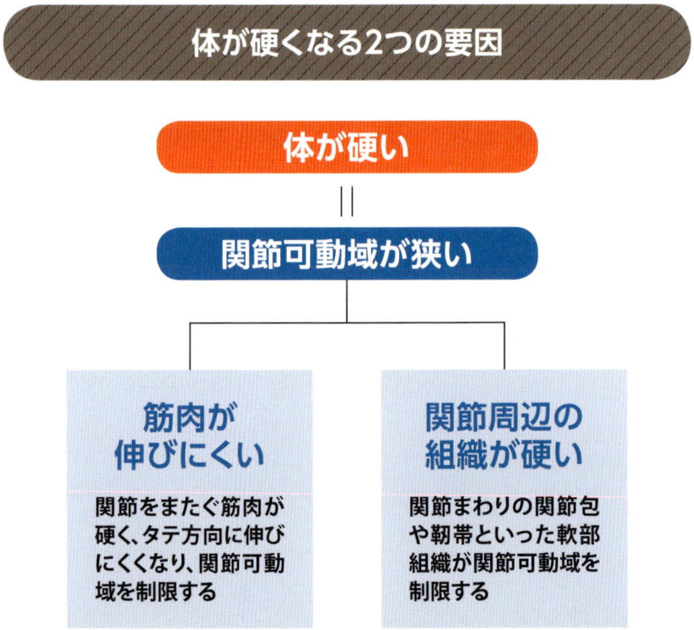

体が硬くなる2つの要因

体が硬い

＝

関節可動域が狭い

筋肉が伸びにくい

関節をまたぐ筋肉が硬く、タテ方向に伸びにくくなり、関節可動域を制限する

関節周辺の組織が硬い

関節まわりの関節包や靭帯といった軟部組織が関節可動域を制限する

※関節可動域の「可動域」とは、タテ・ヨコ・斜めなど各関節を構造的に動かせる方向の範囲を指すものではなく、ひとつの関節運動で動かすことのできる範囲（角度）を指す

関節可動域が狭くなる2つの要因

そもそも体が硬い状態、すなわち関節可動域が狭くなる状態を引き起こす因子は、一体どういったものなのでしょうか？

それには主に、2つの要因が影響しています。

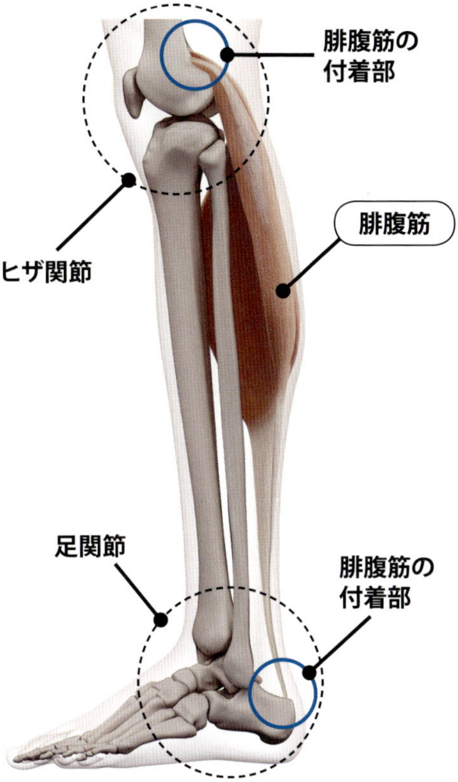

ヒザ関節
腓腹筋
腓腹筋の付着部
足関節
腓腹筋の付着部

筋肉の両端は、関節をまたいでそれぞれ別々の骨に付着しているため、筋肉がタテ方向に伸びにくくなると、関節可動域は制限される

❶ 筋肉が伸びにくい

関節可動域を制限する最も主要な要因は、「筋肉がタテ方向に伸びにくくなる」ことです。筋肉は関節をまたいでその両端がそれぞれ別々の骨に付着しています。すなわち関節を大きく動かした状態というのは、その関節をまたぐ筋肉がタテ方向に大きく伸ばされた状態になります。

筋肉が硬くなる、すなわちタテ方向に伸びにくくなる状態に陥ってしまうと、関節が動く角度の範囲を、筋肉が制限してしまうのです。

❷ 関節周辺の組織が硬い

一部の関節では、可動域の限界まで関節を動かした場合でも、筋肉の伸びにはまだ余裕があり、筋肉の伸びにくさが関節可動域の制限にはならない場合があります。このような部位では、主に関節周辺の組織（関節包や靭帯など）が可動域を左右する因子となっています。

関節周辺の組織は、主にコラーゲン線維などからできていて、運動不足や加齢が原因となって硬くなります。このような状態になるのは、関節を動かす頻度が減ることで、コラーゲンの細かい線維同士が強固にくっついてしまうためです。骨折などのケガの治療中にギプスを外したとき、関節が硬くなって動かない状態になっているのも、同様にコラーゲン線維が結合した状態です。

主な部位の例としては、背骨が連なって脊柱を形成する体幹周辺があげられます。背中を曲げ伸ばしたり、ひねったりといった脊柱の動きは、筋肉の伸びが可動域の制限要因になるケースが少なく、脊柱の周囲にある靭帯などの軟部組織が動きの制限となります。

柔軟性を高める静的ストレッチ

柔軟性の向上にはストレッチが基本

前述したように、本書は、ストレッチに筋トレを組み合わせて、より効果的に体を柔らかくすることがテーマとなります。しかし、あくまでも柔軟性向上の基本となるのは通常のストレッチです。ストレッチと筋トレの組み合わせによる相乗効果をしっかり得るためには、まず正しいストレッチを実践することが前提となります。

この項では、まずストレッチの基本を押さえましょう。

ストレッチで体が柔らかくなるしくみ

ストレッチとは、その名の通り「伸ばす」運動のこと。具体的にいうと、関節を動かすことによって、関節をまたぐ筋肉の両端を遠ざけて伸ばす行為がストレッチになります。

例えば、足首を深く曲げると、ふくらはぎにあるヒラメ筋が伸ばされます。足関節（足首）をまたぐヒラメ筋は、両端がヒザ下の下腿部を形成する腓骨（ひこつ）・脛骨（けいこつ）と、カカトの踵骨（しょうこつ）にそれぞれ付着しているため、足首を曲

ストレッチによるメリット

メリット① 関節可動域が広くなる

- 日常生活動作を広い可動域で行える
- スポーツのパフォーマンスが上がる
- 体の歪みやケガの予防につながる

メリット② 筋肉の緊張が解ける

- 筋肉がほぐれてリラックスできる
- 筋肉がほぐれて血液循環がよくなる

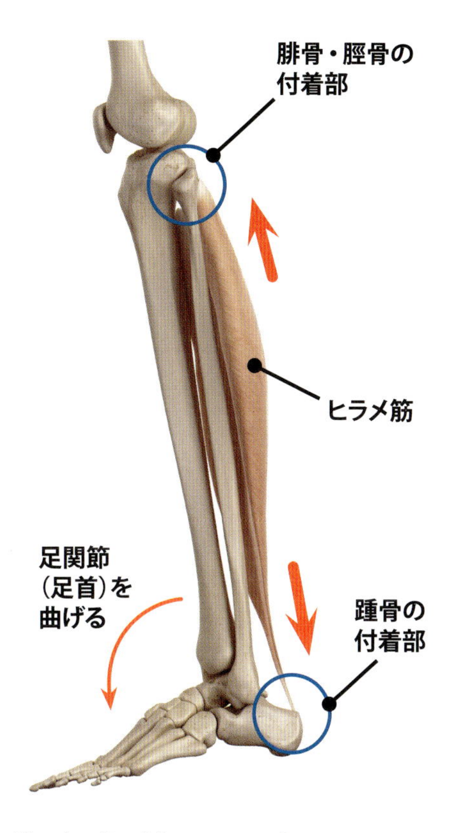

足関節（足首）をまたぐヒラメ筋は、足首を曲げることによって、腓骨の付着部と踵骨の付着部が遠ざけられ、筋肉が伸ばされる

げることで、腓骨とカカトの骨が遠ざけられ、筋肉が長く伸ばされるのです。

ストレッチを日常的に行うと、繰り返し伸ばされた筋肉はしだいに柔らかくなり、タテ方向に長く伸びやすくなっていきます。すると、伸びやすくなった柔らかい筋肉がまたいでいる関節は、硬い筋肉がまたいでいる関節に比べ、動きに制限がかからなくなるため、関節可動域が広くなります。

また、関節可動域を制限するもうひとつの要因である関節周辺組織の柔軟性についてもストレッチによって改善します。関節を限界に近い角度まで動かすと、関節周辺でくっついてしまっていたコラーゲン線維同士が引きはがされていきます。柔軟になった関節周辺組織は、関節の動きを制限しにくくなります。

以上の2つが、ストレッチを行うことによって体が柔らかくなる主な理由です。

ストレッチによるメリットとは

ストレッチによって関節可動域が広くなると、歩行動作のような日常生活動作も足を大きく振り、広い可動域で行うことが可能になります。動きが大きくなれば、運動量が増して消費エネルギーが大きくなり、ダイエットにつながるといった二次的なメリットを得ることにもつながります。

関節可動域が広くなれば、スポーツのパフォーマンスにも大きなメリットをもたらします。例えば槍投げの投てきやピッチャーの投球動作は、肩関節の可動域がパフォーマンスに直接影響します。また、関節可動域が狭い状態で競技を続けるとケガのリスクが高まるため、アスリートにとってストレッチは不可欠なのです。

さらに、ストレッチには筋肉の緊張を抑えてリラックスさせるというメリットもあります。人間の筋肉は無意識の状態でも弱いレベルで活動する性質があります。その興奮状態が過剰になると、緊張やこわばりにつながってしまう場合も。ストレッチには、こういった筋肉の興奮を弱める働きがあるのです。

エキセントリックが体を柔らかくする

筋トレは体を柔らかくする

P.14〜15で述べたように、近年のトレーニング研究によると、筋トレによる刺激は体を硬くするどころか、むしろ柔らかくする効果があることが明らかになっています。

筋トレが体の柔軟性に与える影響については、2000年代以降になってから多くの研究が行われてきました。それらの知見を、O'Sullivanらが2012年にレビュー論文（近年の研究動向をまとめた論文）としてまとめているので、その一部を簡単に紹介します。

エキセントリックが柔軟性向上のキーワード

O'Sullivanらによると、筋トレ動作の中でも**「エキセントリック筋活動（収縮）」が柔軟性を高める重要なカギ**となります。エキセントリック筋活動とは、筋肉が短くなる方向に「力を出しながら」、強い外力を受けて「伸ばされている」状態のこと。具体的な筋トレ動作でいうとスクワットでゆっくりしゃがみ込んでいる局面の大殿筋（太ももを後方に振るお尻の筋肉）などが当てはまります。上半身の例でいえば、持ち上げたダンベルをゆっくり下ろしていく局面で、エキセントリック筋活動が行われています。

エキセントリック筋活動とは、単に筋肉が伸ばされるのではなく、筋肉が短くなる（収縮する）方向に力を出しながら（筋活動をしながら）、外力によって伸ばされているということを理解してください。この点がストレッチで筋肉を伸ばす場合との大きな違いです。

部位を問わず効果的なエキセントリック

特定のテーマに関する研究知見は、実験の対象者（サンプル）や対象部位、実施期間でしばしば見解が分かれる傾向にあります。ところが、筋トレにおけるエキセントリック筋活動が柔軟性に与える影響に関しては、ほぼすべての論文が「柔軟性を高める効果あり」との一貫した結論となっています（O'Sullivanら2012）。

例えば、ひとつの筋肉だけでなく、対象部位が異なるいくつかの研究を見ても、大腿四頭筋（Blazevichら2007およびReevesら2009）、ハムストリング（Nelson and Bandy 2004およびPotierら2009）、下腿部の筋群（Mahieuら2009およびDuclayら2009）では、いずれも筋トレによる柔軟性の向上が認められており、否定的な論文は見当たりません。

上半身の筋肉を対象とした研究は下半身に比べてあまり進んでいませんが、筋肉の生理学的な性質は上半身と下半身で大きな違いはないため、エキセントリック筋活動が柔軟性を高めるという効果は、部位を問わず得られると考えてよいでしょう。

エキセントリックと受動的伸張の違い

筋肉が脱力した状態で伸ばされるのは、単なる受動的伸張であって、「エキセントリック筋活動（収縮）」ではありません。

例えば、ヒジ関節を伸ばしてダンベルを下ろすときも、上腕前面の上腕二頭筋に力を入れ、ダンベルの重さに抵抗しながらヒジを伸ばすことによって、エキセントリック筋活動が行われるのです。

上腕二頭筋のエキセントリック筋活動

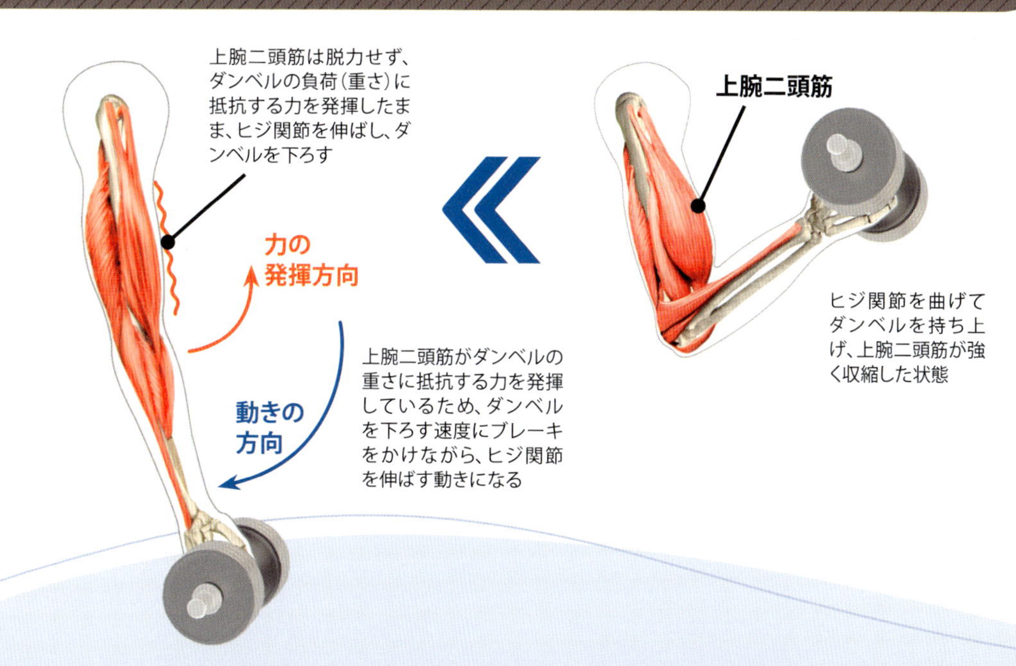

なぜ筋トレで柔軟性が高まるのか

柔軟性が高まるメカニズム

なぜ筋トレを行うと、柔軟性が向上するのでしょうか。生理学的なメカニズムをもとに、解説していきます。

P.16～17では、体の柔軟性、すなわち関節可動域を左右する要因として、主に筋肉の伸びやすさが影響していることを解説しました。例えば、日常的にストレッチを行った筋肉は、**タテ方向に長く伸びやすく**なります。すると、筋肉は関節が動く範囲を制限しにくくなり、関節を広い角度で動かせるようになります。

エキセントリックで筋肉自体が長くなる

ストレッチと筋トレでは、柔軟性向上のメカニズムが大きく異なっていることがわかっています。エキセントリック筋活動を含む筋トレを行うと、筋肉が「伸びやすくなる」というよりも、**筋肉（筋線維）自体が長くなる**という変化が生じるのです（Potierら2009、Reevesら2009、Blazevichら2007、Duclayら2009）。

ストレッチを行うと筋肉の伸び率が高まる

具体的な数字をあげて説明してみましょう。例えば、自然長が10㎝の筋線維があって、その筋線維は1.5倍まで伸ばせると仮定します。つまり、この筋線維は15㎝までストレッチできることになります。

通常のストレッチで筋肉の柔軟性が高まると、筋線維のタテ方向への伸び率が高まります。先ほどの例でいえば、もと

ストレッチと筋トレのストレッチ効果（例）

ストレッチ

Before

自然長10cmの筋線維が、最大1.5倍（15cm）まで伸びる柔軟性をもっている。

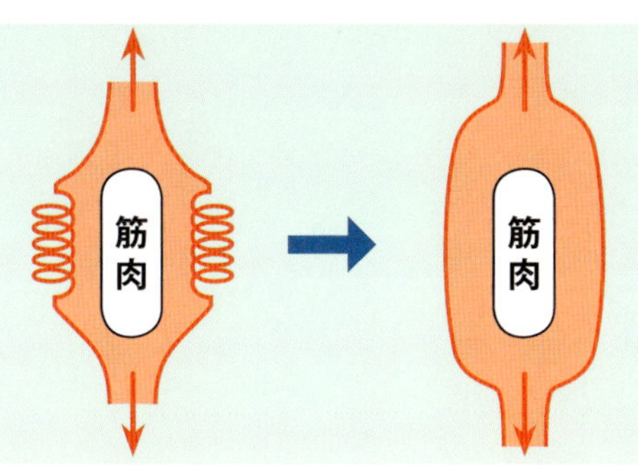

After

自然長10cmの筋線維が、最大2倍（20cm）に伸びるまで柔軟性がアップ。

筋トレ

Before

筋線維の自然長10cm。最大1.5倍（15cm）まで伸びる柔軟性をもっている。

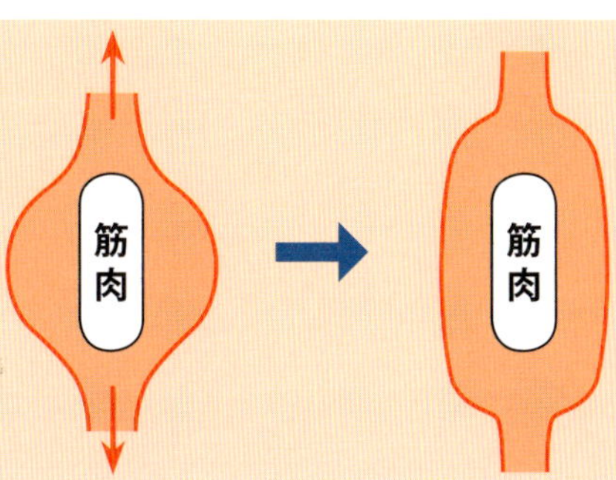

After

筋線維の自然長が15cmに伸びる。柔軟性は変わらず最大1.5倍のままでも、自然長が伸びたため、22.5cmまで伸びる。

もと1.5倍までしか伸ばせなかった筋線維が、2倍まで伸ばせるようになる、といった変化です。

ストレッチを継続的に行った場合、筋線維の自然長が変わるわけではありませんが、筋線維を伸ばすことのできる倍率が高まります（1.5倍⇒2.0倍、最長15㎝⇒20㎝）。その結果、関節可動域が広がるというわけです。

一方、エキセントリック筋活動を含む筋トレを継続的に行うと、筋線維そのものが長くなるため、筋肉の自然長も長くなります。数字で説明すると、筋トレを続けることによって、「自然長10㎝の筋線維が15㎝に伸びる」といった変化が起こります（※ストレッチしていない状態で15㎝）。筋線維の伸び率が1.5倍のままでも、ストレッチしたときの筋線維の最大長は15㎝×1.5倍＝22.5㎝となるため、可動域はやはり拡大します。

動物実験では古くから知られていた

エキセントリックを含む筋活動で筋線維の自然長が長くなることに関して、人間を対象（サンプル）としたトレーニング実験によって現象が確かめられてきたのは2000年代以降のことです。

しかし、ラットなど動物を対象とした実験では、2000年以前からすでにこういった現象が確かめられてきていました（Lynn&Morgan 1994、Morgan 1990、Lynnら1998）。

それらの経緯をふまえて考えると、本書が提案する「筋トレで柔軟性を高める」という方法論は、そこまで奇抜なものでも、目新しいものでもないといえるでしょう。

積み重ねられてきた研究成果の事実にもとづいた非常に基本的な発想なのです。

ストレッチ＋筋トレで筋肉を伸ばすメリット

ストレッチ＋筋トレで生まれる相乗効果

ストレッチだけでなく、筋トレ（エキセントリック筋活動）も活用して筋肉を伸ばしていくアプローチには、ストレッチだけで伸ばす場合には得られない独自のメリットがあります。ストレッチと筋トレの異なる柔軟性向上効果を組み合わせることで、大きな相乗効果が生まれるのです。

ここでは「ストレッチ＋筋トレ」で筋肉を伸ばすことのメリットを解説します。

❶ ストレッチ単独より柔軟性向上効果が高い

まずストレッチと筋トレを併用して伸ばすアプローチのほうが、単純にストレッチだけを実施する場合よりも、体を柔らかくする効果がより高まることが期待できます。

ストレッチと筋トレをそれぞれ単独で一定期間実施させて、柔軟性に与える影響を調べた研究の結果を見ても、筋トレはストレッチと同等かそれ以上に柔軟性向上への効果が高いとする知見が多く見られます。

また、ストレッチだけを長年行っていて、柔軟性が頭打ちになっているという人などは、筋トレおよびエキセントリック筋活動が、ストレッチでは得られなかった柔軟性向上の新たな刺激となり、頭打ちの状態を打破するきっかけとなることも期待できます。

❷ ストレッチ単独より高い強度で伸ばせる

エキセントリック筋活動を含む筋トレは、一般的な静的ストレッチと比べ、純粋なストレッチの強度自体も大きくしやす

大殿筋のストレッチ

大殿筋の筋トレ

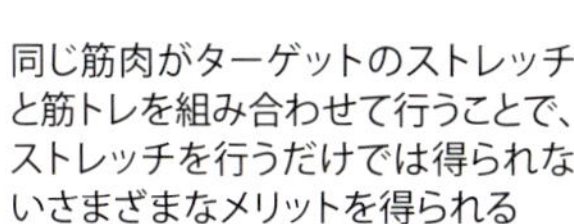

同じ筋肉がターゲットのストレッチと筋トレを組み合わせて行うことで、ストレッチを行うだけでは得られないさまざまなメリットを得られる

い傾向にあります。

通常のストレッチでは、高強度で筋肉を伸ばそうとした場合、ほかの部位の力を利用したり、体重をかけたりといった何らかのアシストが必要になります。

一方、筋トレを活用したストレッチの場合は、筋肉を伸ばす際、その筋肉にかかっている負荷がそのままストレッチをアシストする負荷となります。自力で押したりする必要がほとんどありません。

また、体が硬い人にとっては、ストレッチの解説本などの見本フォーム通りに実践しようとしても、なかなか同じ姿勢が取れず、効果的なストレッチにならないというケースが多々あります。しかし、筋トレを活用したストレッチの場合には、柔軟性に起因する問題はほとんどないといっていいでしょう。

❸ 筋トレ自体の運動効果も得られる

筋トレは本来、筋力アップを目的に行うものです。この効果は、ストレッチ目的で筋トレを行った場合でもある程度得られます。さらに、筋肉が鍛えられて体の筋量が増えれば、日常のカロリー消費量（基礎代謝量）が増加し、太りにくい体質になります。それだけでなく、筋トレには、筋トレそのものの運動量に対するカロリー消費も期待できるのです。

一方、ストレッチには、筋力アップやダイエットへの効果はほとんど期待できません（ゼロではないが効果は小さい）。運動時間を確保できない多忙な現代人にとって、筋トレを活用したストレッチは、「柔軟性向上」「筋力アップ」「ダイエット」の3つを兼ね備えた合理的なエクササイズ法であるといえます。

❹肉離れなどのケガを予防できる

筋トレ（エキセントリック筋活動）を活用したストレッチは、肉離れや筋断裂といったケガの予防効果が高いとされています。この背景としては、エキセントリック筋活動によって、「筋線維の自然長が長くなる」という現象が関係していると考えられます。筋肉の筋線維（の自然長）が長くなると、同じ関節角度の運動でも、それまでより筋線維が相対的に短い状態で力を発揮できるようになります。そのため筋肉が損傷するリスクは軽減されます（筋肉は長く伸ばされた状態で力を発揮するほど肉離れの受症リスクが高まる）。

そのため近年では、肉離れなどの予防として、エキセントリック筋活動を主体とした筋トレを活用するという考え方が一般的になってきています。

❺筋収縮のスピードが速くなる

測定方法が難しいこともあり、まだ仮説レベルの話になりますが、筋トレ（エキセントリック筋活動）を活用したストレッチによって、筋収縮の最大スピードが高まるという可能性も考えられます。

トレーニング科学の初歩的な理論では、筋収縮の力は「筋肉の太さ」に、筋収縮のスピードは「筋肉の長さ」に比例するという生理的な原則があります（ここでいうスピードとは、無負荷で空振りの収縮をした場合の最大速度）。

エキセントリック筋活動を継続的に行うと、前述の通り、筋肉の筋線維が長くなります。この変化によって、同時に筋収縮のスピードが速くなるということも、理論上では起こりうると考えられます。

ストレッチ＋筋トレのメリット

❶ ストレッチを単独で行うより、柔軟性向上の効果が高い
❷ ストレッチを単独で行うより、高い強度で筋肉を伸ばせる
❸ 筋トレ自体の運動効果も得られる（カロリー消費量の増加など）
❹ 肉離れ、筋断裂といったケガを予防できる
❺ 筋肉が速く収縮できるようになる（動きが速くなる）

第1章

筋トレ＋ストレッチの相乗効果

体を柔らかくするために行う「ストレッチ」は筋トレと組み合わせることによって、さらなる柔軟性向上効果を得ることができます。本章では、筋トレ＆ストレッチの基礎知識と効果的な組み合わせについて解説します。

ストレッチのメカニズム

静的ストレッチと動的ストレッチ

一般的にストレッチといえば、**姿勢を止め、静止したまま筋肉をゆっくり伸ばす「静的ストレッチ」**のことを指します。これに対し、**動きのなかで筋肉を伸ばしていく「動的ストレッチ」**という方法もあります。本書で扱うのは、一般的な方法である静的ストレッチが中心となります。

本書で「ストレッチ」と表記されている場合は、基本的に静的ストレッチを指します。

ストレッチで体が柔らかくなるメカニズム

ストレッチには体を柔らかくする（関節の可動域を広くする）効果があります。ストレッチで柔軟性が高まる主な要因として、「①筋肉がタテ方向に伸びやすくなる」「②関節周辺組織の可動性が高まる」の2つが影響していることを、P.16～19で解説しました。これらの変化が起こるとき、筋肉にはいったい何が起こっているのか、生理学的なメカニズムを見ていきましょう。

❶ 筋肉がタテ方向に伸びやすくなる

ストレッチを行うと筋肉がタテ方向に伸びやすくなります（筋肉の両端を遠ざける方向への柔軟性が高まる）。その結果として関節可動域に制限がかからなくなることが、ストレッチによって柔軟性が向上するひとつ目の理由です。

ストレッチによって、筋肉のタテ方向への柔軟性が高まる生理学的なメカニズムについては、以下2つの現象が大きく関係しています。

Ⓐ 筋肉が脱力しやすくなる（筋肉の神経的要因）

ストレッチには筋肉を脱力させやすくする効果があります。筋肉は縮む方向に向かって力を発揮するので、脱力するほどタテ方向に伸びやすくなります。反対に、筋肉に力が入ってしまうと、筋肉は短く縮もうとするため、可動域を制限してしまいます。ストレッチにおいては筋肉が脱力するほど、可動域は広がります。

ストレッチによって筋肉が脱力しやすくなるのは、「伸張反射」が起こりにくくなるからです。伸張反射とは、筋肉が伸ばされたとき、それ以上伸びないように無意識で縮もうとする脊髄レベルの反射のこと。本来は、筋肉や関節の保護に貢献する生理現象ですが、柔軟性に関していえば筋肉の伸びを阻害する要因となっています。

Ⓑ 筋肉が材質的に伸びやすくなる（筋肉の構造的要因）

伸張反射の抑制に加えて、筋肉の材質的な柔らかさもストレッチによって向上します。筋肉の周囲や内部にある筋膜などの結合組織には、バネのような性質（弾性）があります。筋肉が伸ばされて長くなると、筋線維と並列に位置している結合組織も同時に伸ばされ、その弾性によって、縮もうとする力が働きます。さらに、「伸張反射（神経的要因）」に加え、「結合組織による抵抗力（構造的要因）」も関節可動域を大きく左右します。

継続的にストレッチを行っていくと、結合組織の弾性はしだいに弱くなっていきます。これは、結合組織にコラーゲン線維という成分が含まれていて、その線維同士がストレッチによって部分的に引きはがされていくためです。

ストレッチによって結合組織の弾性が低下する様子は、金属製のスプリングを何度も引っ張って伸ばしていると、しだいに緩んで反発力が小さくなっていく現象をイメージすると理解しやすいでしょう。

以上の2つが、ストレッチによって筋肉がタテ方向に伸びやすくなるメカニズムです。

❷ 関節周辺組織の可動性が高まる

一部の部位においては、筋肉の伸びやすさではなく、関節包や靭帯といった関節の周辺組織が可動域の制限となっています。関節周辺組織も、筋膜と同様にコラーゲン線維を主体とした結合組織でできています。ストレッチによって線維同士が引きはがされ、関節周辺組織が広い範囲で動くようになると、関節可動域を制限しなくなるのです。

一般的なストレッチの方法である「静的ストレッチ」は、姿勢を動かさず、静止した状態で筋肉をゆっくり伸ばしていく

ストレッチを効果的に行うポイント

ストレッチを効果的に行うための3つの原則

❶ 伸ばす強度と時間

⇓「イタ気持ちいい」程度で15〜30秒間が目安

ストレッチの強度は、心地よい痛みを感じる程度が基本。まったく痛みを感じないストレッチでは、十分な効果を得るには強度が足りません。ストレッチを実施する際は、「イタ気持ちいい」程度を目安にして、余裕が出てきたら徐々に強度を上げていきましょう。

ひとつのストレッチ種目につき「何秒間伸ばせばよいのか」については、実はさまざまな意見があります。短めの実施時間をすすめる文献から、長めが良いとする意見まで、統一されていません。権威ある機関の見解を例にとると、アメリカスポーツ医学会のガイドラインでは、15〜30秒間とされています。このあたりを目安とし、重点的に柔らかくしたい部位などは、もっと長く1分間以上行ってもよいでしょう。

❷ 行うタイミング

⇓ 筋肉が伸びやすい体が温まった状態で

ストレッチは体が十分に温まった状態で行うことが大切です。なぜなら、筋肉は温度が高いと伸びやすく、冷えると伸びにくいという性質をもっているためです。

体が冷えている場合は、準備運動などで体を温めてからストレッチを行うと、効果が高くなります。お風呂あがりなどに行うのも効果的なタイミングといえるでしょう。
スポーツをする際にストレッチを行う場合には、体がしっかり温まっている運動後にクールダウンの一環として実施するのがオススメです。

❸ 頻度

⇓ できるだけ高頻度で最低週2回は行う

ストレッチの効果的な頻度には、明確な見解はありません。アメリカスポーツ医学会のガイドラインには、ストレッチを行う頻度に関する記載がありますが、「週に2〜3回、可能なら5〜7回」といった曖昧なものとなっています。
このガイドラインは多数の実験結果にもとづいて作られた根拠あるものであるため、柔軟性の向上を目指すなら、最低ラインとして、週に2回以上はストレッチを行いたいところです。ただし、筋肉の回復時間が必要な筋トレとは異なりストレッチは毎日行ってもマイナスになる要素はありません。時間や気力に余裕があれば、週何回という目安にこだわらず、できるだけ高頻度で行うのが理想的といえるでしょう。

(→P. 37参照)

イテテ…

強い痛みを感じるほど無理に伸ばすと、筋肉や靭帯が過度に伸ばされ、痛めてしまう危険があるのでNG

イタ気持ちいい♪

ストレッチで筋肉を伸ばす強度は「イタ気持ちいい」程度が目安。まずは適度な強度で15〜30秒間伸ばすことを目標にしよう

筋トレのメカニズム

筋トレの筋肥大効果と筋力アップ効果

筋力トレーニング、いわゆる「筋トレ」は、本書では体を柔らかくする手段のひとつとして位置づけていますが、本来の定義は「筋肉に負荷をかけることで、筋肉を太くし（筋肥大）、さらに筋出力を高める（筋力アップ）トレーニング」です。

筋トレの負荷のかけ方にはさまざまな方法があり、自体重を用いる方法のほか、バーベルやダンベルを用いる方法や、マシン、チューブを用いる方法などがあります。一般的に筋トレは、有酸素運動とならんで最もポピュラーなエクササイズ法のひとつとなっています。

筋トレによって得られる最も主要な効果は、**「筋肥大」と「筋力アップ」**の2つ。これらは密接に関わっており、双方が連動して起こります。なぜなら、**原則的に筋力は筋肉の太さ（筋断面積）に比例する**ためです。

筋肉をつけたい人も、パワーアップしたい人も、筋トレによる「筋肥大」と「筋力アップ」は、基本的にワンセットと考えてください。

筋トレのメリット

❶ スポーツでのパワー・スピードがアップする

筋肥大によって筋力アップすることで、スポーツ時の筋出力もアップし、競技力の向上につながります。運動する際のエンジンとしての筋肉の能力は、前述のように「大きさ」によって決まるからです。裏を返せば、細いままで筋出力を大幅に向上させることは原理的に難しいといえます。

もちろんスポーツでは、体の使い方や巧みさといったスキルが重要であることはいうまでもありませんが、筋トレで筋肉を十分に発達させることは、ハイパフォーマンスに必要な条件となります。

❷ 基礎代謝量が増加し太りにくい体になる

筋トレによって筋肉を鍛えると、脂肪が落ちやすく、太りにくい体質になります。なぜ筋トレによって太りにくくなるかというと、運動とは関係なく消費される「基礎代謝」が増えるためです。

統一した見解が得られているわけではありませんが、筋トレによる基礎代謝量の増加を肯定する知見を例にとると、「3か月の筋トレによって、1日当たりの基礎代謝量が100kcalも増加した」という報告もあります（Brettら1998）。筋トレは筋肉を大きくするだけでなく、ダイエットにも効果があるのです。

❸ 体が外側だけでなく内側からも若返る

筋トレを行うと、体が内外から若返る効果も期待できます。〝内側〟のメリットとしては、筋トレで糖の代謝能力が向上することによる糖尿病の予防効果があげられます。それに対し、〝外側〟のメリットは、全身の運動機能が向上することによる姿勢の改善やケガの予防、さらに長期的な視野で見れば、加齢による筋力低下や寝たきりの予防といったことにまでつながります。

また、筋トレによって運動機能が若返れば、日常の活動量が増加するため、さらなる生活習慣病の予防やダイエットにつながるといった好循環も大いに期待できます。

❹ 美しいメリハリのあるボディラインになる

極端にマッチョな肉体は別にして、美しいボディラインを形成するためには、適度な筋肉が欠かせません。ただ痩せているだけの体はメリハリがなく、男女を問わず貧相に見えてしまいます。筋肉のない体では、シャツやスーツを格好よく着こなすこともできません。海外の俳優や女優が筋トレに励んでいるのも、適度に筋肉がついたメリハリのあるボディラインを作ることが主な目的です。

有酸素運動は、体脂肪を減らすことに対しては効果的ですが、ただカロリーを消費するだけで、筋肉をつける効果はほとんど期待できません。

ナイスボディの土台となる適度な筋肉をつけるために、最も効率的な方法こそが、筋トレなのです。

筋トレを継続的に行えば、二次的な効果も含めて、さまざまなメリットを得ることができる

コンセントリックとエキセントリック

コンセントリックとエキセントリックの違い

本書のテーマである「柔軟性向上を目的とした筋トレ」を行ううえで、必ず理解しておく必要があるのが、コンセントリック筋活動とエキセントリック筋活動の違いです。

序章でも解説したように、エキセントリック筋活動で筋肉にしっかりと負荷をかけることが、関節可動域を広げるための重要な刺激となるためです。

「コンセントリック筋活動（収縮）」とは、筋肉が短くなる方向に力を出して、実際に「短くなっている」状態。筋トレ動作でいえば、ダンベルなどの重りを上げる局面における筋肉がこの状態です。

それに対し、「エキセントリック筋活動」とは、筋肉が短くなる方向に力を出すものの、外力を受けて「伸ばされている」状態のこと。筋トレ動作でいうと、ダンベルなどの重りを支えながらジワジワとゆっくり下ろしている局面にあたります。エキセントリックの局面では、筋肉が脱力せず、力を発揮しながら（筋活動しながら）、無理やり伸ばされているということを理解してください。

エキセントリックは筋損傷を誘発する

高強度でエキセントリック筋活動を行うと、筋線維にミクロレベルの損傷が起こります。エキセントリックによる筋損傷はしばしば筋肉痛の要因にもなります。一方、コンセントリック筋活動（重りを持ち上げる局面）では、筋損傷がほとんど起こりません。**「筋肉痛は、重りを持ち上げる運動ではなく、重り**

を下ろす運動によって起こる」と考えればわかりやすいでしょう。

エキセントリック筋活動および筋損傷は、筋トレの一般的な目的である筋肥大および筋力アップを引き起こすための重要な因子のひとつです。これは筋線維が部分的に破壊されることによって、今までよりも強くなろうと筋肉の合成が促進されるためです。筋肉が発達する要因は筋損傷以外にもあるため、エキセントリック筋活動だけが筋トレで効果を上げるための条件というわけではありません。しかし、トレーニングのボリュームや負荷といった要素が同じであれば、エキセントリックで筋損傷を引き起こした場合のほうが、筋肥大が強く促されることになります。

一般的に筋トレといえば「重りを上げる」という認識が強く、下ろす局面は軽視されがちです。ところが実際には、上げる動作（ポジティブ）だけでなく、下ろす動作（ネガティブ）も、同等かそれ以上に重要なのです。

柔軟性を高めるのもエキセントリック

筋トレにおいてエキセントリック筋活動が重要となるのは、体を柔らかくするために筋トレを行う場合も同じです。P.22～23でも解説したように、これまでのトレーニング研究によると、エキセントリック筋活動によって筋線維を長くすることが、筋トレで関節可動域が劇的に向上する要因であることがわかっています。

以上の理由から、本書では、エキセントリック筋活動で筋肉にしっかり負荷をかけることに重点をおいて、筋トレ種目のフォームを解説します。

コンセントリックとエキセントリックの違い

	コンセントリック筋活動	エキセントリック筋活動
筋活動	あり（力を出す）	あり（力を出す）
筋肉の動き	短くなっている	長くなっている（伸ばされている）
エネルギー消費	大（疲れる）	小（あまり疲れない）
筋損傷	しにくい	しやすい

筋トレを効果的に行うポイント

筋トレを効果的に行うための5つの原則

①負荷強度

⇓ 8〜10回の反復が限界となる重量で

筋トレを行ううえで特に重要となるのが負荷強度。最大挙上重量の75〜80％前後の負荷を用いて行うのが、筋肉を発達させるうえで最も効率的とされています。これは、だいたい8〜10回の反復回数で限界となる重さです。30回や50回も反復できる場合は、負荷が適正よりも軽すぎる証拠。効果がゼロではありませんが、時間がかかるばかりで、筋発達の効率は著しく落ちてしまいます。

重量を手軽に変更できるバーベルトレーニングやマシントレーニングに対し、自分の体重を使って負荷をかける自重トレーニングは、負荷の調節が難しいという弱点があります。

自重トレーニングを行う場合も、本書の解説を参考に、できるかぎり適正負荷へ近づける工夫を心掛けてください。

②反復回数

⇓ 原則は適正負荷を「限界まで」反復する

前述した通り、8〜10回が限界となる負荷を用いて、挙がらなくなるまで反復するのが基本。余力を残して終わると、十分な筋トレ効果が得られません。よって、最初から回数を決めてメニューを組むのは基本的にNG。例えば10回反復した状態で余力が残っていたとしたら、挙がらなくなるまで続ければよいのです。
限界まで反復するという原則は、①の負荷強度を適正に設定するというポイントと関係しています。負荷が軽いと、限界までなかなか達しないので、延々と反復する羽目になってしまいます。負荷が適正であれば、すぐに限界が来るので、「負荷が重いほうが短時間かつ低回数で終わるため効率的」と考えましょう。

③ セット数

⇓ 目安となるのは1種目あたり3セット

筋トレで効果を得るには、ある程度、運動のボリュームを大きくする必要があるため、1セットより複数セット行うほうが効果的。目安としては、1種目あたり3セット前後。筋トレ上級者や、重点的に鍛えたい部位の場合は、セット数を増やし、4〜5セット行ってもよいでしょう。複数セットでも、適正な負荷で限界まで反復する原則は同じです。

④ セット間インターバル

⇓ セット間の休けいは1分前後が目安

セット間のインターバルは1分前後が目安。これはインターバルが長すぎると、筋肉の疲労が回復しすぎて、筋発達を促すホルモン分泌などが鈍ってしまうためです。反対に短すぎても、疲労回復が追いつかず、次のセットのトレーニング強度が下がってしまいます。手首の筋トレなど全身疲労をともなわない場合は短めの30秒程度、スクワットなど全身疲労をともなう種目では長めの3分程度など、幅を持たせてもよいでしょう。

⑤ 筋トレを行う頻度

⇓ 各部位をそれぞれ週2〜3回の頻度で

筋トレは毎日行えばよいというものではありません。筋肉を継続的に発達させるには、休息日を設ける必要があるため、ひとつの部位につき、週に2〜3回の頻度で鍛えるのが一般的な目安となります。
ただし、柔軟性向上を目的とした筋トレの場合、エキセントリック主体で行うため、筋損傷が通常よりも起こりやすい傾向にあります。その場合、回復期間を長めにとって週に1〜2回程度でもよいでしょう。
上半身、下半身、体幹など日によって鍛える部位を分ければ、1日のトレーニング時間が短縮され、筋肉を休ませながら全身を鍛えられます。

筋トレは、全身を部位ごとに分割してトレーニングすることで、効率よく鍛えることができる

ストレッチと筋トレの共通するテクニック

解剖学的・生理学的に正しい方法で行う

ストレッチや筋トレは、どちらも「体を変える」ことに適したエクササイズ法です。

球技や団体競技に比べると、運動自体は少し単調に感じる人も多いかもしれません。その代わり、「筋肉がつく」「体が柔らかくなる」といった体の変化という点において、ストレッチと筋トレは、最も効率的かつ最短距離で効果を得られる手段といえるでしょう。ほかのスポーツでは、プレー自体を楽しむのに対し、ストレッチや筋トレは自分の体が変化することを楽しむことができるのです。

ただし、ストレッチや筋トレの強みである「最短距離」で体が変わるというメリットを享受するためには、いくつかの条件があります。それは解剖学的・生理学的に正しい方法で実施することです。理屈から大きく外れている方法で行ったのでは、体が期待通りの変化をすることはありません。効果の出ないトレーニングをするぐらいなら、ほかのスポーツで楽しく体を動かしたほうが有意義と

上体を固定すると首がよく伸びる

首後面のストレッチは、上体を固定したまま頭部を前に倒していくことが、ターゲットの部位をしっかり伸ばすポイント

いえるでしょう。

スポーツクラブなどを見ても、初心者を中心に、自己流で効率の悪いメニューを組み、まったく効果の上がらない負荷やフォームで無駄に時間と労力を費やしている人がたくさん目につきます。

せっかくストレッチや筋トレを実施するのであれば、本書で解説するポイントを理解し、最短距離で効果が得られるように取り組んでください。

❶ ターゲットの部位をしっかり狙って行う

ストレッチおよび筋トレは、基本的にターゲットとなる筋肉を狙って行います。各筋肉は、特定の関節をまたいで両端が別々の骨に付着しているため、それぞれの筋肉に、ストレッチで伸ばされる関節動作、筋トレで負荷のかかる関節動作が必ずあります。

種目に関係なく、ストレッチや筋トレを行う際は、どの筋肉をターゲットにしているのか、関節をどの方向に動かせばターゲットの筋肉に効くのかを、頭の中で明確にしてから行うことが大切です。

また、ストレッチも筋トレも、一部の例外を除き、ターゲットの部位のみを集中して動かすのが基本。ターゲットと関係のない部分まで動かしてしまうと、ターゲットの筋肉および関節動作に、十分な負荷がかからなくなってしまいます。

例えば、首後面を伸ばすストレッチは、上体を固定したまま頭部を前に倒すのがポイント。つられて上体まで前に倒れてしまうと、ターゲットである首の関節および筋肉が伸ばされず、効果的にストレッチすることができません。できるだけターゲットの部位だけを動かすことが大切になります。

上体が倒れると首が伸びない

頭部を倒す動きにつられて、上体まで前に倒れてしまうと、首を曲げる動きが小さくなり、首後面の筋肉をしっかり伸ばすことができなくなる

❷ 体幹と股関節の動きを区別する

「体幹」と「股関節」は混同されがちな部分です。両者を合わせて〝腰の動き〟と認識している人が多いようですが、両者の動きはまったくの別物です。

まず「体幹」とは、胴体部分のことであり、「体幹の動き」とは背骨が連なる脊柱を前後左右に曲げたり、ひねったりする動きのこと。具体的にいうと、みぞおちあたりを支点に胴体を曲げる、ひねるといった動きになります。

これに対し、「股関節」とは、脚の付け根にあり、太ももと骨盤の境目にあたる関節です。つまり「股関節の動き」とは、骨盤に対する太ももの動きを指します。

ストレッチや筋トレで股関節を動かすとき、骨盤が固定されていれば、太ももが前後左右に振られる動きとなり、反対に太ももが固定されていれば、骨盤が前後左右に向きを変える動きになります。この2つは一見して別の動作に見えますが、関節動作や筋肉の視点から見れば、同一の動きになります。

体幹か股関節かターゲットを明確にする

体幹の動きと股関節の動きは、まとめて「体幹の動き」と認識されてしまいがちですが、前述したように、それぞれまったく別の動きです。

例えば、前屈をするとき、通常は体幹と股関節が同時に別々に動いて、上体が大きく前方に倒れます（胴体を丸める動き＋脚の付け根を曲げる動き）。ところが実際には、異なる2つの関節動作が同時に行われているのです。

ストレッチや筋トレでは、ターゲットの部位を明確にすることがとても大切です。体幹・股関節周辺の種目を行うときは、その

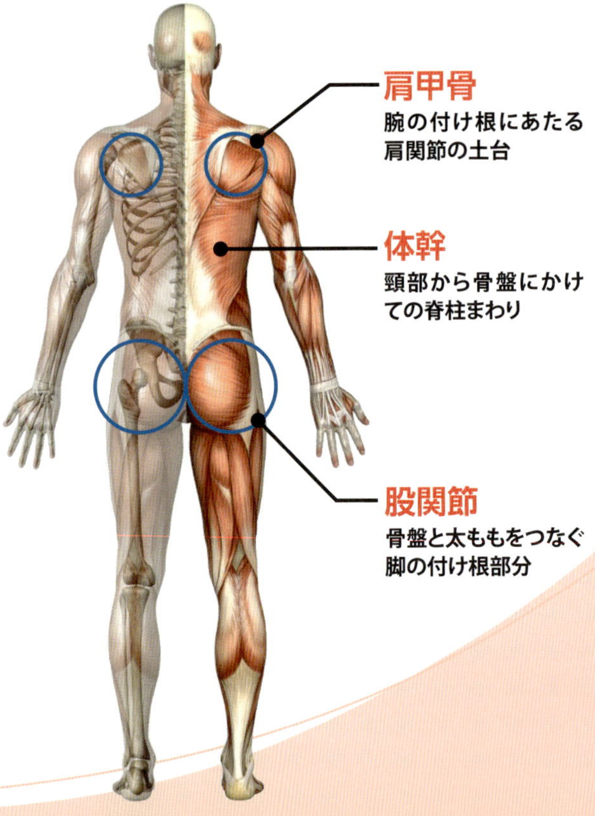

種目がどちらをターゲットとしている種目なのかを、本書を読んで事前に把握し、しっかりと認識してからはじめてください。

❸ 肩の土台となる肩甲骨をコントロール

肩甲骨とは、背中の上部にある一対の扁平な骨のこと。腕の骨と肩甲骨の境目にあたる部分が肩関節になります。

この肩甲骨は、肋骨（の背部）に対し、スライドして動かすことができます。つまり、腕の骨は肩関節から先だけが動くのではなく、肩関節の土台部分にあたる肩甲骨から動かすことができるのです。ストレッチでも筋トレでも、肩関節だけでなく、肩甲骨も適切に動かすことが重要となります。

肩まわりをストレッチする際は、肩関節から先だけを動かすのではなく、肩甲骨ごと動かしたほうが、肩関節をまたぐ筋肉の両端をより遠ざけることができます。反対に肩甲骨の動きが小さいと、いくら肩関節を大きく動かしても、筋肉を十分にストレッチすることはできません。

筋トレにおいても、肩甲骨を適切な方向へ動かさないと、ターゲットの筋肉にしっかり負荷がかからないという種目が数多くあります。

本書では、各種目を行うときに、肩甲骨をどのようにコントロールすればよいのかを解説しているので、それらを読んで、正しいフォームで行いましょう。

体幹、股関節、肩甲骨の動きを意識する

前述したように、「体幹」「股関節」「肩甲骨」の動きは、ストレッチや筋トレにおいてとても重要です。これらに関連する種目を行う際は、動きをしっかり理解したうえで行ってください。

肩甲骨の動き

上方回旋の動きは、単独で動かすことは難しく、腕を高く上げる肩関節の動きと連動して行われる（肩甲上腕リズム）。高く上げた腕を下ろす動きには、下方回旋の動きが連動する。

拳上

下制

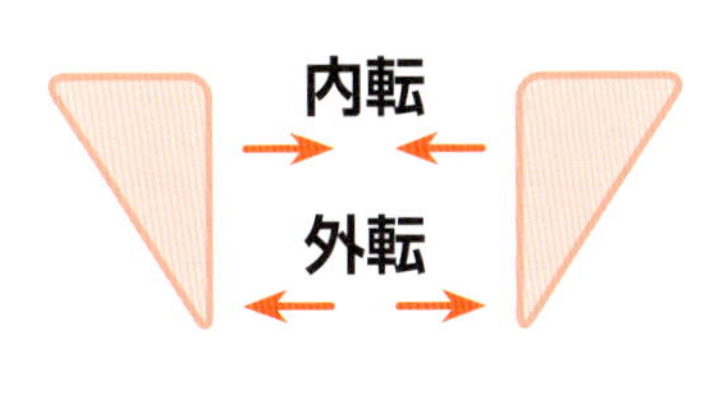

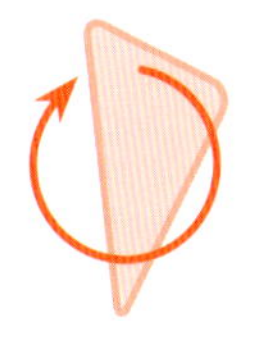

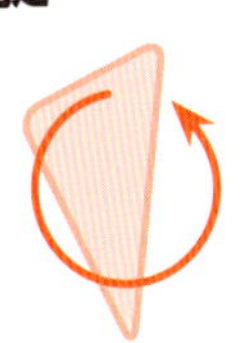

下方回旋

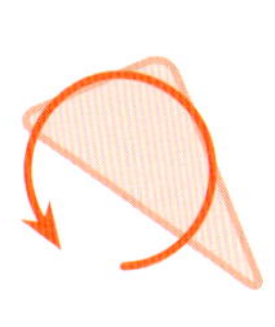

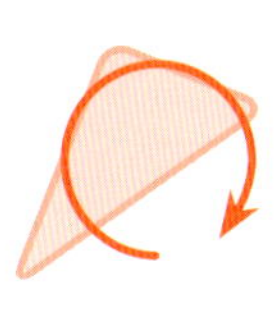

ストレッチのテクニック

❶ 呼吸で胸郭の動きをアシストする

胸郭を上下させて肺の空気を出し入れする胸式呼吸を行うことで、腹筋群のストレッチをアシストできます。胸式呼吸で胸郭を持ち上げると、肋骨下部に付着している腹筋群も一緒に持ち上げられるため、さらに伸ばせるのです。また胸郭は、背骨の両サイドから肋骨に伸びているため、胸式呼吸によって脊柱を伸ばす動きに制限がかからなくなり、背中はさらに反りやすくなります。

❷ テコの原理を使って効果的に伸ばす

テコの原理で関節に力を加えるとき、同じ力でも、支点から遠いところに力を加えると、テコの原理が作用し、関節をより強く曲げることができます。このテコの原理をストレッチに応用すれば、それほど強い力を加えなくても、効率的に筋肉を伸ばせます。

首後面のストレッチを例にとると、支点となる首から遠い頭の先端あたりに手を当てて引けば、テコのレバーが長くな

テコの原理を使った首後面のストレッチ

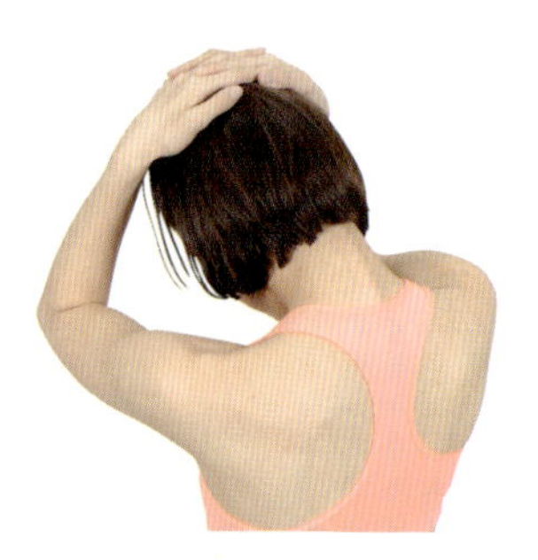

支点から遠くを持てば テコのレバーが長くなり 楽に筋肉を伸ばせる

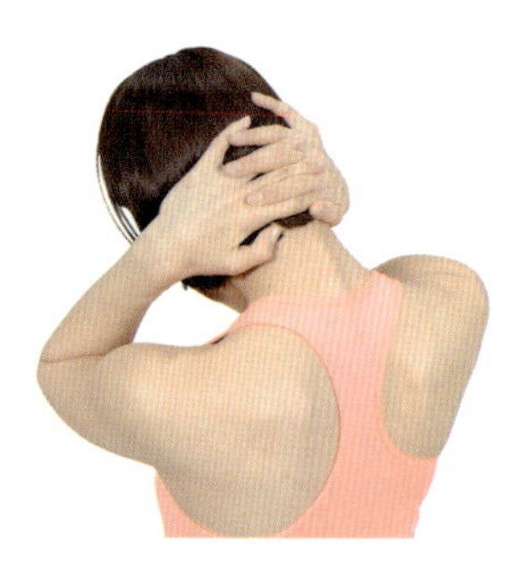

引く位置が 支点に近いと 強く伸ばせない

るので効果的です。
逆に、支点の首に近い後頭部に手を当てて引くと、テコのレバーは短くなり、頑張って力を加えても、筋肉を伸ばす力は弱くなってしまいます。

❸筋肉の解剖特性を利用して伸ばす

人間の筋肉は、複雑な解剖学的特性をもっています。これらの特性をうまく活用すれば、より効果的にストレッチを行うことができます。
関節を動かす筋肉には、「曲げる筋肉」「伸ばす筋肉」「ひねる筋肉」、さらには「曲げる・ひねる」といった働きを併せもつ筋肉もあります。具体的には、「腕を水平面で前方に振る働き(肩関節水平内転)」に「腕を内向きにひねる働き(肩関節内旋)」を併せもつ大胸筋が代表的な例。大胸筋は、腕を後方に振りつつ、外側にひねることで、効果的にストレッチができます。

二関節筋を伸ばすには両方の関節を動かす

基本的に、筋肉はひとつの関節のみをまたいでいますが、なかには2つの関節をまたぎ、2つの関節の動きに働く「二関節筋」も存在します。
例えば、太もも前面の大腿四頭筋の中心にある大腿直筋は、股関節とヒザ関節をまたぐ二関節筋。この大腿直筋をしっかりストレッチするためには、ヒザを曲げる動き(ヒザ関節屈曲)に、太ももを後方に振る動き(股関節伸展)も併せて行う必要があります。
大腿直筋以外にも、肩関節とヒジ関節をまたぐ上腕二頭筋と上腕三頭筋、股関節とヒザ関節をまたぐハムストリングなど、数多くの二関節筋があります。

二関節筋である大腿直筋のストレッチ

二関節筋である大腿直筋は、ヒザを曲げるだけではしっかり伸ばせない。ヒザを曲げたまま、股関節から太ももを後方に振る動き(股関節伸展)も併せて行う必要がある

筋トレで柔軟性を高めるためのポイント

柔軟性を高めるために意識する3つのポイント

序章で触れた通り、筋トレは、「体が硬くなる」という一般的なイメージとは反対に、「柔軟性を高める」効果をもっています。実際のところ、筋トレによる柔軟性の向上は顕著であり、関節可動域を大きくする効果については、ストレッチ以上であるとするデータもあるほどです。

ただし、筋トレで体を柔らかくするためには、押さえておくべきいくつかの重要事項があります。これらを無視して筋トレを行っても、柔軟性を向上させることはできません。

ここでは、柔軟性向上の目的で筋トレを行う際、特に意識しなければならない重要な3つのポイントを解説します。

❶ エキセントリックで脱力しない

筋トレ動作は、重り（負荷）を上げるコンセントリック筋活動（収縮）と、重りを下ろすエキセントリック筋活動（収縮）による反復運動によって成り立ちます。これらのうち、柔軟性を

エキセントリック筋活動による
筋発達と柔軟性向上の効果

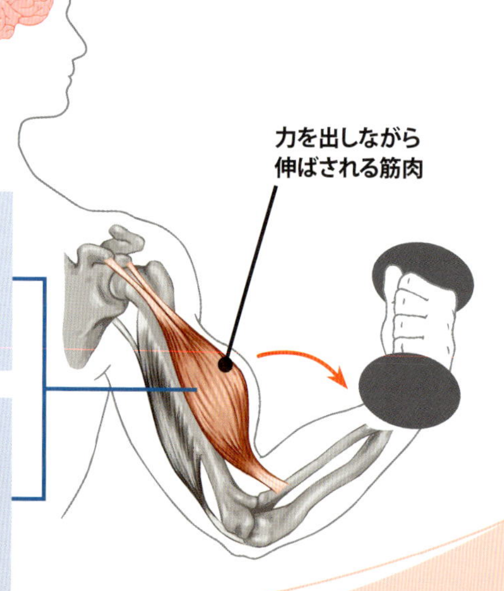

筋発達効果
筋線維の微細な損傷は、筋肥大を誘発する因子のひとつである。

柔軟性向上効果
筋肉が力を出しながら伸ばされることによって、筋線維自体が長くなり、関節可動域が広くなる。

向上させる効果が高いのは、主にエキセントリックの局面であることがわかっています（P.20～21）。これはエキセントリック筋活動によって、「筋線維自体が長くなる」という適応が筋肉に起こるためです。

だからこそ、筋トレで柔軟性向上を狙う場合は、エキセントリックの局面で、筋肉にしっかり負荷をかけることが、通常の筋トレ以上に重要となってくるのです。

スポーツクラブなどで行われている一般的な筋トレの様子を見ると、重りを持ち上げた後に、脱力してストンと重りを下ろしている人をよく見かけます。そのようなやり方では、エキセントリックの局面で十分な負荷はかかりません。筋肉に負荷をかけたまま、ジワジワとゆっくり下ろしていくことが重要となります。

種目にもよりますが、目安としては、だいたい1～2秒程度かけながら、下ろしていくとよいでしょう。

重りをストンと下ろすクセがついてしまっているという人は、エキセントリックの局面で負荷が抜けないようにするために、重りを下ろす途中で、下ろすスピードを意識して緩めたり、一瞬動きを止めたりするテクニックを取り入れるのもオススメです。

エキセントリックのもうひとつのメリット

さらに、エキセントリック筋活動は、筋発達を誘発するための重要な要素となる〝筋損傷〟を引き起こすため、筋トレの本来の目的である筋肥大・筋力アップを狙ううえでも効果的。「筋発達」と「柔軟性向上」という2つの効果を体にもたらすのです。

脱力してダンベルを下ろす

ダンベルを下ろす局面で力を抜いてしまうと、エキセントリック筋活動が行われず、筋発達効果も柔軟性向上効果も大きく低下する

力を入れたままダンベルを下ろす

ダンベルを下ろす局面も、筋肉（右腕の上腕二頭筋）に負荷をかけたままゆっくり下ろすことで、エキセントリック筋活動が行われる

❷ フルレンジで動作する

筋トレで関節可動域の限界付近まで動作を行うことは、筋肉にとって「ストレッチ」と同じ働きかけとなります。だからこそ、体を柔らかくする目的で行う筋トレでは、稼働範囲を極力広くして行うこと（フルレンジ）が効果的となります。わかりやすく言い換えると、「筋トレそのものをストレッチに置き換える」という発想です。

さらに、筋肉を伸ばすという点で、通常のストレッチよりも筋トレのほうが有利な面もあります。筋トレでは、筋肉にかかっている抵抗負荷を利用して、ストレッチの強度を容易に高めることができるのです。

例えば、胸部の大胸筋をストレッチする場合、伸ばす強度を高めるためには、壁や床に手をついた状態で体重をかけるか、背中の筋肉を働かせて腕を後方に振るといったアシストが必要です。

一方、大胸筋の筋トレ種目である「ダンベルフライ」（↓P.135）で胸の筋肉を伸ばす場合は、特別なアシストを必要としません。なぜならダンベルの重力による負荷が、勝手に大胸筋を引き伸ばしてくれるからです。筋トレ自体に、もともとナチュラルな「高強度ストレッチ」となる側面があるのです。

❸ ストレッチポジションで負荷を抜かない

3つ目のポイントは、筋肉が伸ばされて長くなっているストレッチポジションで負荷が抜けにくい種目を選ぶこと。そして、ストレッチポジションで負荷が抜けないように意識して動作することです。

なぜならば、筋肉には長く伸びた状態で筋活動を行うほど、

ダンベルフライで大胸筋をストレッチする

ダンベルフライのエキセントリック局面は、両腕を胸の上から外側へ大きく開いていくため、ダンベルの重みで、大胸筋が強烈に引き伸ばされる

筋損傷しやすいという性質があるためです（Nosaka 2000）。

ストレッチポジションによる損傷筋を誘発することで、筋線維が長くなり、柔軟性が向上することも期待できます。

例えば、肩を覆う三角筋の筋トレ種目である「サイドレイズ」は、三角筋の柔軟性を高めるうえで効果的な種目ではありません。両腕が水平の高さまで上がって三角筋が短く縮んだポジションでは、三角筋にしっかり負荷がかかるものの、両腕を下げて三角筋が伸ばされたストレッチポジションでは、ダンベルをただぶら下げて持っているだけの状態となり、負荷はかかりません。

ストレッチポジションで負荷を抜かないためには、サイドレイズではなく、横向きに寝た状態で行う「ライイングサイドレイズ（→P．154）」など、三角筋が長く伸びた状態でもしっかり負荷がかかる種目をチョイスすることが必要となります。

なお、勘違いしがちなので追記をしておきますが、ここでの「③ストレッチポジションで負荷を抜かない」というポイントは、「①エキセントリックで脱力しない」とはまったく別の話になります。

仮に同じエキセントリック筋活動を比較した場合でも、「筋肉が短い」状態でのエキセントリックよりも、「筋肉が長い」状態でのエキセントリックのほうが、筋損傷が起こりやすいというのが、ポイント③のテーマです。

ストレッチポジションの負荷で種目選択

サイドレイズ

立位で行うサイドレイズは、腕を下ろして三角筋が伸びるストレッチポジションになると、ダンベルをただぶら下げて持っているだけの状態となり、負荷が抜けてしまうため、三角筋の柔軟性向上には不向きな種目

ライイングサイドレイズ

横向きに寝ることで、腕を下ろして三角筋が伸びるストレッチポジションでも負荷が抜けない

ストレッチ＋筋トレの組み合わせ方

胴体まわりの種目を優先して行うのが原則

いざストレッチと筋トレを組み合わせたメニューを作ろうとしても、ストレッチも筋トレも数えきれないほどの種目があります。いくら体を柔らかくしたいといっても、全身には膨大な数の筋肉があるため、すべての筋肉にアプローチするのは非現実的。時間がいくらあっても足りません。

まずは重点的に柔軟性を高めたい部位や、硬さが気になる部位を中心に、個々の目的や身体特性に合わせて種目を絞り込む必要があります。

メニューの組み方に明確な答えはなく、各個人で最適なプログラムは異なってきますが、種目を選択する際に共通する基本的な考え方は、「胴体まわり」を優先すること。胴体まわりには、体幹（脊柱の動き）、股関節（脚の付け根）、肩甲骨（腕の土台）といった特に重要な部位が集まっているためです。人間の体のコア（核・中心）となるこれらの部分は、日常生活はもちろん、スポーツにおいてもあらゆる全身運動の起点となる重要

脊柱起立筋の筋トレ（バックエクステンション）

イスを使って脊柱が屈曲・伸展する可動範囲を大きくしたバックエクステンション。背中を反らせて脊柱を伸展させることで、脊柱まわりの脊柱起立筋が収縮する

な部位であり、手足よりも優先的に柔らかくしておきたい部分となります。

よって特別な事情がなければ、まず本書の「体幹（第2章↓P.51）」、「股関節（第3章↓P.77）」そして「肩関節（第5章↓P.133）」の「筋トレ＋ストレッチ」を優先し、各個人の硬さが気になる部位、行っているスポーツなどを考慮して、種目を追加していくプログラムが最適でしょう。

基本となる順序は筋トレ⇒ストレッチ

ストレッチと筋トレを組み合わせて実施する場合には、**ウォーミングアップ⇒筋トレ⇒ストレッチの順**に実施するのが基本となります。なぜなら筋肉には「体が温まった状態のほうが伸びやすい」という性質があるためです。

はじめにウォーミングアップをしたあと、筋トレ⇒ストレッチを部位ごとに行っていくか、それとも筋トレを全身でひと通り終えてからストレッチをひと通り行うかについては、どちらにしても大きな間違いというわけではありません。ただし、あえていうなら、前者の筋トレ⇒ストレッチを部位ごとに行う方法のほうが、以下に解説する2つの理由からオススメできます。

筋トレの直後に同部位をストレッチするメリット

❶ 動きがイメージしにくいコアの動きを意識できる

まず1つ目の理由は、筋トレで関節をフルレンジで動かした直後にストレッチを行うと、感覚が残っていて各関節の動きが具体的にイメージできるた

脊柱起立筋のストレッチ

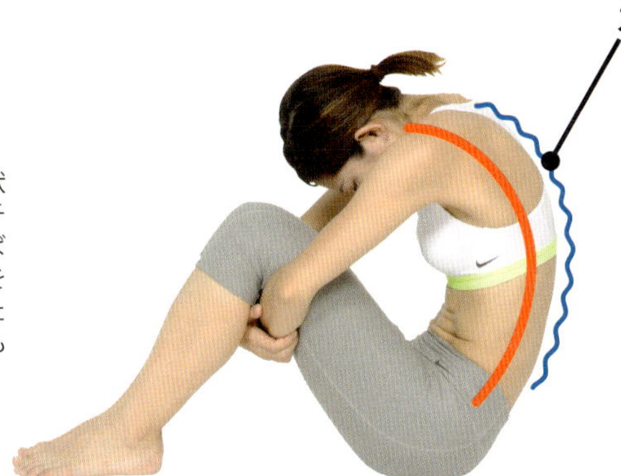

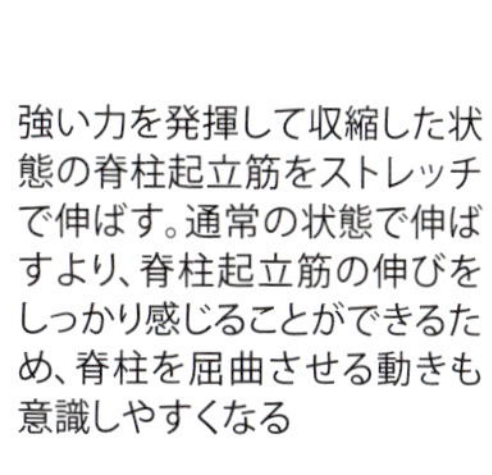

強い力を発揮して収縮した状態の脊柱起立筋をストレッチで伸ばす。通常の状態で伸ばすより、脊柱起立筋の伸びをしっかり感じることができるため、脊柱を屈曲させる動きも意識しやすくなる

め、伸ばしたい部位を意識しながらストレッチできるという点です。特に、優先的に伸ばしておきたい胴体まわりのコアに関しては、手足に比べて動きが意識しにくいという問題があります。体の根元に近い部分は、動作が目で確認しにくいこともあり、動かす感覚をイメージしにくいのが難点。

しかし、筋トレで胴体まわりの各関節を広く動かし、しっかり動かす感覚を意識してからストレッチを行えば、体を芯から伸ばすストレッチを行うことが容易になるのです。

❷ インターバルを活用し効率良く時間を使える

2つ目の理由は、筋トレのインターバル中にストレッチを行うと時間的効率が良いという点です。筋トレ器具の近くにストレッチできそうなスペースがある場合には、筋トレ⇒ストレッチを各部位ごとに行うようにすると、筋トレによる疲労を回復するインターバルの時間を、ストレッチの時間として有効活用できます。忙しい現代人にとっては、うってつけの短時間集中メニューとなるでしょう。

筋トレの直後に同部位をストレッチするメリット

❶ 動きがイメージしにくい関節の動きを、意識してストレッチできるようになる

❷ 筋トレの疲労を回復させるインターバルを有効に活用して効率良く時間を使える

筋トレ直後…

筋トレ直後の時間を、疲労回復のインターバルではなく、ストレッチにあてると、時間を効率的に使える

ストレッチ

インターバル

第2章

筋トレ＋ストレッチ 体幹

意識して動かすことが難しい体幹部は、筋トレとストレッチを組み合わせることで動きが意識しやすくなります。
筋トレ種目は10回が限界となる負荷で3セット。
ストレッチ種目は15～30秒間を目安に行ってください。

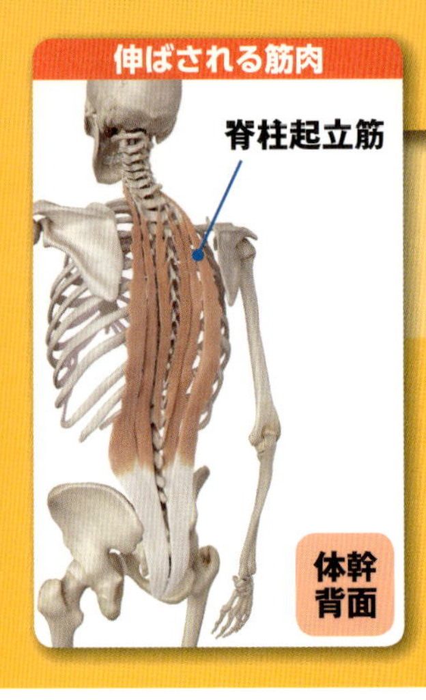

脊柱起立筋

脊柱まわりの筋トレ

背中を曲げ伸ばしするバックエクステンション

背中を反らせる動きで脊柱まわりの脊柱起立筋を鍛える種目。お尻や太もも裏にも効く。イスの座面の上で行うことにより、背中を丸める動きの稼働範囲が大きくなり、脊柱起立筋がしっかり伸ばされる。

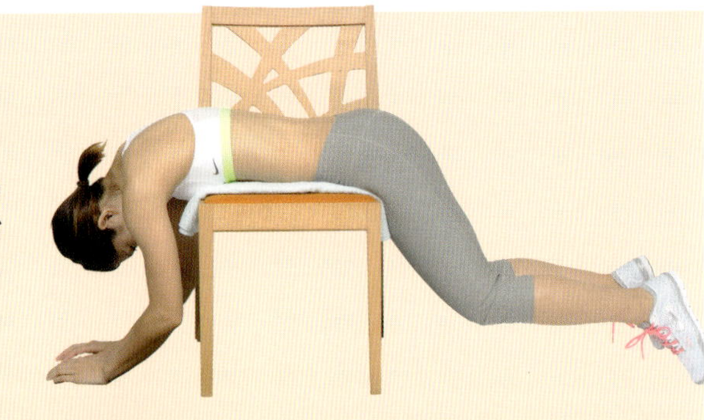

❶イスの座面でうつ伏せになる

イスの座面で背中を丸めてうつ伏せになる。座面が硬ければクッションやタオルなどを敷く。

❷背中を反らせて手足を上げる

背中をしっかり反らして手足を上げる。頭部自体の重さも筋トレの負荷になるので頭も一緒に上げる。両腕はしっかり前方に伸ばす。手足ではなく、背中を中心に動作していく。

❶うつ伏せになり両腕を伸ばす

床でうつ伏せになり、両腕を前方におく。顔は浮かせておく。

❷背中を反らせて手足を上げる

❶に戻るとき、負荷が抜けるのでヒジ・ヒザは床につけない。

バリエーション

床に寝て行うバックエクステンション

床でうつ伏せになって行うバックエクステンション。手足を下ろしたときに負荷が抜け、背中を丸めることもできないため、脊柱起立筋へのストレッチ効果は低い。

NG

手足だけ上がって背中が反っていない

手足が上がっていても、背中が反っていなければ、体幹の稼働範囲は大きくならない。

ストレッチポジション

❸脊柱起立筋に力を入れたまま背中を丸めてうつ伏せになる

❷の状態から、背中の脊柱起立筋に力を入れたまま、背中をゆっくり丸めてうつ伏せの状態に戻る。座面にクッションやタオルを敷くと背中を丸めやすい。

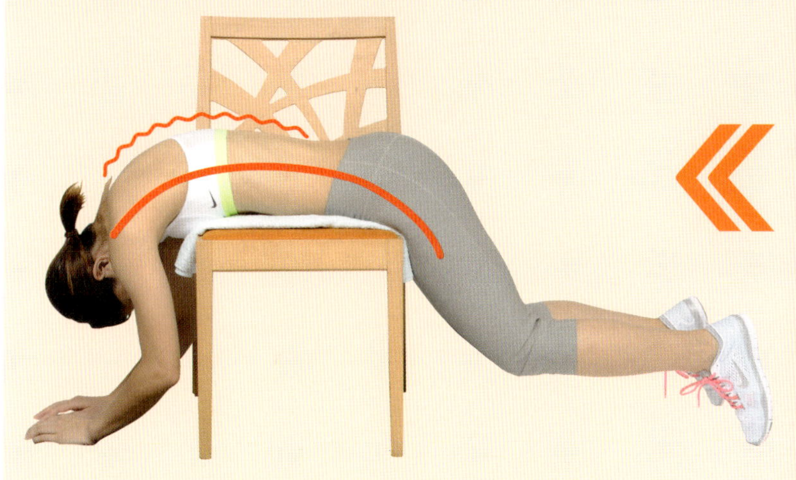

Easy

ヒジを曲げて行うバックエクステンション

背中を反らせたときに、両腕を前方に伸ばさず、ヒジを曲げて行うバリエーション。両腕を引くことで、背中を反ったときに、脊柱起立筋にかかる負荷が下げられる。

伸びる筋肉

脊柱起立筋

体幹
背面

脊柱起立筋

脊柱まわりのストレッチ

背中を丸めて脊柱まわりの脊柱起立筋を伸ばす

背中を丸める動きで、背中を反らせる働きのある脊柱起立筋を伸ばす種目。骨盤から頭蓋骨まで連なった脊柱に付着している脊柱起立筋群の柔軟性が高まると体幹の可動域が大きくなる。

❶座位で両ヒザを曲げ太もも裏で腕を組む

座った状態で、足を揃えてヒザを曲げ、太もも裏のヒザに近い位置で両腕を深めに組む。

❷両脚を伸ばす動きで組んだ腕を引きつけ背中を丸めていく

両脚を伸ばす動きで、太もも裏で組んだ腕を引き、その力を上体に伝えて背中を丸めていく。両脚を伸ばす力を使って脊柱起立筋を伸ばすのがポイント。

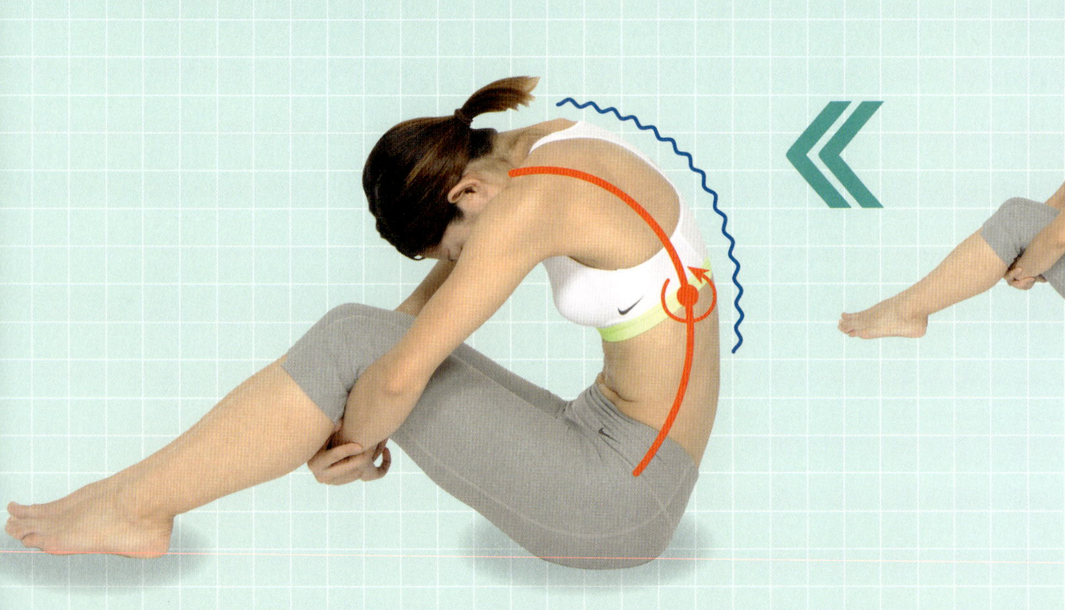

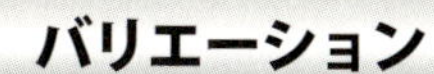

バリエーション

立位で脊柱起立筋をストレッチする方法

立位で背中を丸めるバリエーション。座れない場所でも手軽にできるのが長所。両脚を伸ばす力を上体に伝えて、頭から背中を丸めるポイントはこの方法でも同じ。

❶立ったまま太もも裏で腕を組む

立位で少し足を開いて両ヒザを曲げ、ヒザに近い太もも裏で腕を組む。

❷脚を伸ばす動きで背中を丸める

両脚を伸ばして組んだ腕を引きつけ、その力を上体に伝えて背中を丸める。

POINT

息を吐きながら頭から上体を丸める

おヘソを覗き込むように、頭から上体を丸める。息を吐いて胸郭を下げると背中が丸まりやすくなる。

NG

股関節から上体を倒す

脚の付け根を支点に上体が倒れると背中は丸まらない。脚の付け根（股関節）が動かないように注意。

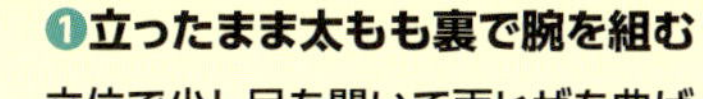

硬い人向け

ヒザを深めに曲げることで背中を丸めやすくする

ヒザを深めに曲げることで、腕が組みやすくなり、硬い人でもストレッチする姿勢を作れる。両脚を伸ばす力を使って背中を丸めるポイントは同じ。脊柱起立筋は頸椎にも付着しているので、頭から背中を丸めていく。

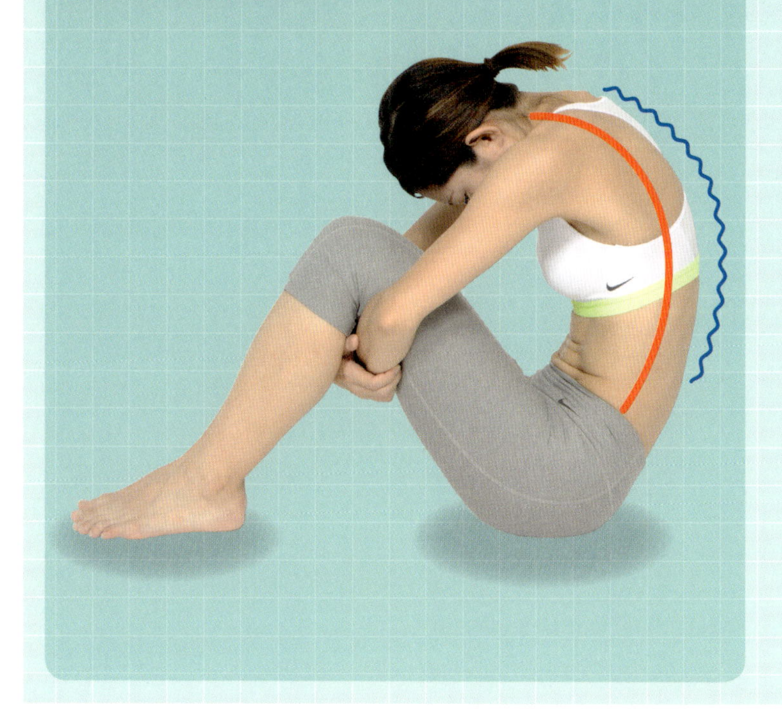

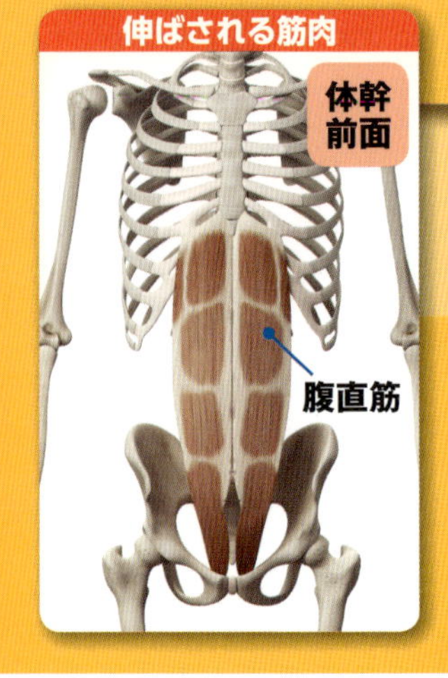

腹直筋

腹部の筋トレ

エキセントリックで腹直筋を強く伸ばすクランチ

仰向けの状態から上体を丸めて腹直筋を鍛える腹筋種目。腰の下に高さのある座布団やクッションを入れ、脊柱を反らせて行えば、体幹伸展の稼働範囲が大きくなり、腹直筋がより伸ばされる。

❶座布団の上で仰向けになる

腰の下に高さのある座布団(またはクッション)を入れて仰向けになり、両ヒザを曲げる。このとき、上体が反った状態になる。両手は耳の後ろ付近に添える。後頭部で手を組むと負荷が高くなる。

❷背中を丸めて上体を起こす

❶の状態から、みぞおちあたりを中心に頭から上体を丸めていく。床から離れるのは肩甲骨あたりまで。完全に起き上がらない。

❶両腕を伸ばして太ももに添える

座布団の上で仰向けになってヒザを曲げ、両手を太ももに添える。

❷両手を滑らせながら上体を丸める

上体を丸めて起きる。そこから腹筋に力を入れたまま❶に戻る。

バリエーション

両腕を前方に伸ばして負荷を下げる方法

両腕を前方に伸ばして行うことで、負荷を下げるクランチのバリエーション。両手を太ももに添え、太ももからヒザへと手の平を滑らせながら上体を起こしていく。

POINT

息を吐きながら行う

腹直筋は肋骨の下部に付着しているので、息を吐いて肋骨(胸郭)を引き下げながら上体を丸めると、体幹の稼働範囲が大きくなる。

NG

股関節から起き上がる

上体を伸ばしたまま起き上がると、腹直筋への負荷が弱くなる。腰を痛める危険もあるのでNG。

ストレッチポジション

❸腹筋に力を入れたまま ゆっくり上体を伸ばす

❷の状態から、腹筋に力を入れたまま、ゆっくり上体を伸ばしていく。背中が反っても腹筋は脱力しない。両肩が床につく手前まで下ろしていく。両肩が床につくと負荷が抜けるので注意。

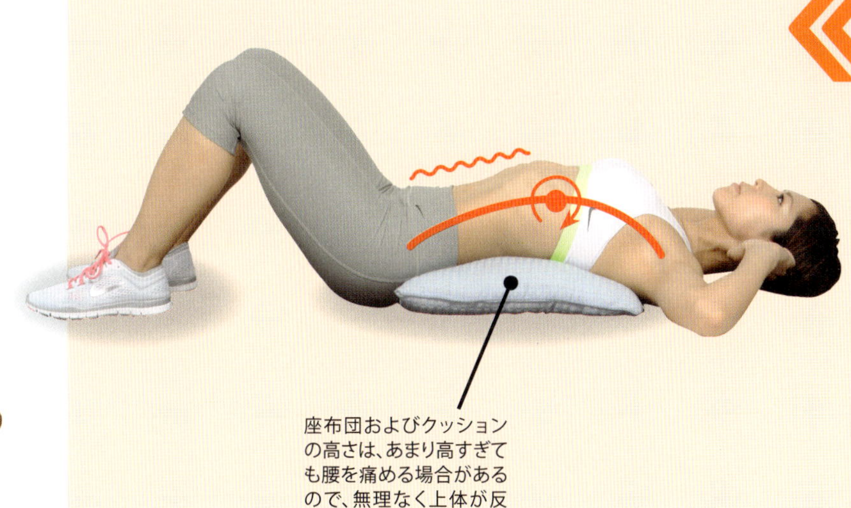

座布団およびクッションの高さは、あまり高すぎても腰を痛める場合があるので、無理なく上体が反る程度の高さが最適

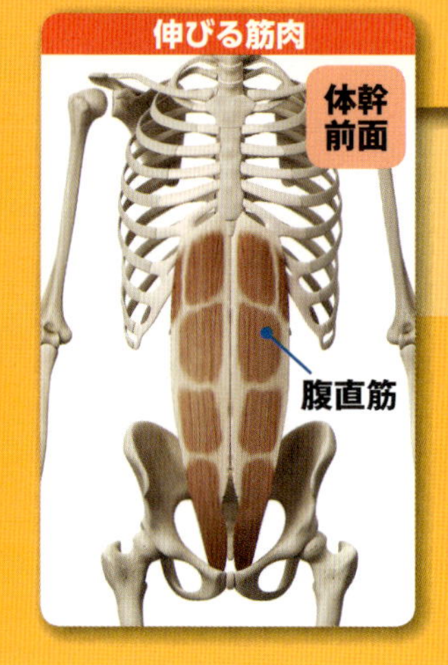

腹直筋

腹部のストレッチ

立位で背中を反らして腹直筋を伸ばすストレッチ

立ったまま上体を反らせる動きによって、上体を丸める働きのある腹直筋をストレッチする。腹直筋が硬くなると、姿勢が崩れたり、腰痛につながる場合もあるので、しっかり伸ばしておこう。

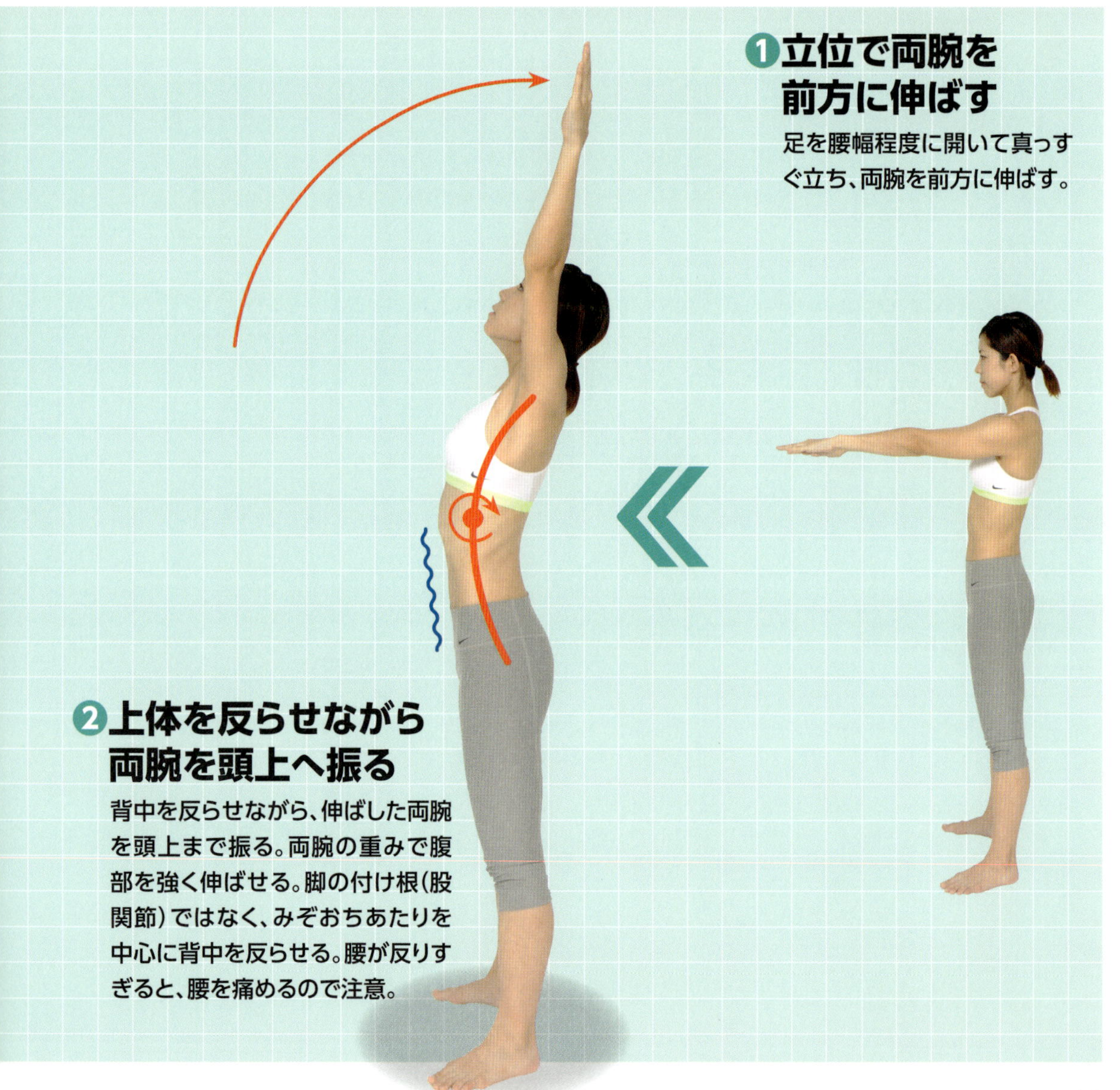

❶立位で両腕を前方に伸ばす

足を腰幅程度に開いて真っすぐ立ち、両腕を前方に伸ばす。

❷上体を反らせながら両腕を頭上へ振る

背中を反らせながら、伸ばした両腕を頭上まで振る。両腕の重みで腹部を強く伸ばせる。脚の付け根（股関節）ではなく、みぞおちあたりを中心に背中を反らせる。腰が反りすぎると、腰を痛めるので注意。

❷骨盤に体重をかけて背中を反らせる

骨盤が床から浮いたり、腰を反りすぎないように注意する。

❶うつ伏せになり両腕を伸ばす

うつ伏せになり、両腕で上体を支える。足幅は肩幅より広め。

バリエーション

うつ伏せで両腕を伸ばし腹直筋をストレッチする

うつ伏せの状態で腹直筋を伸ばすバリエーション。骨盤が床から浮かないように押さえ付けながら背中を反らせる。みぞおちあたりを中心に背中を反らせたり、息を吸いながら行うポイントは同じ。

POINT

息を吸いながら背中を反らせる

腹直筋は肋骨の下部に付着しているので、息を吸って肋骨(胸郭)を引き上げながら上体を反らせると、大きな稼働範囲で伸ばせる。

NG

背中を反らせずにヒザが曲がる

ヒザが曲がってしまうと、背中の反りが小さくなるため、腹直筋はストレッチされない。

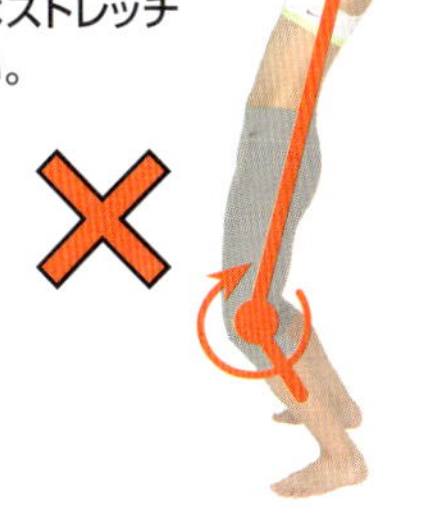

硬い人向け

両手を腰に当てて背中を反らせる

硬い人は、腰に両手を当てて背中を反らせていく。みぞおちあたりを中心に背中を反らせるポイントは同じ。両腕を頭上に伸ばさず、腰に手を当てることによって、腰が反りすぎるのを防ぐことができる。

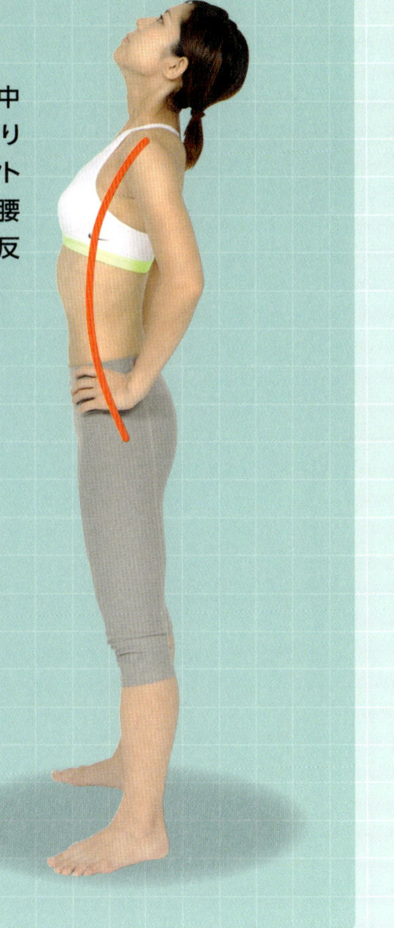

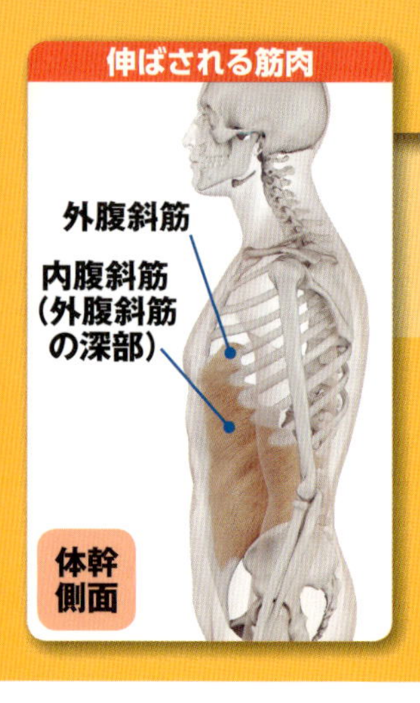

外腹斜筋　内腹斜筋

脇腹の側屈筋トレ

背中を横に曲げて腹斜筋群を伸ばすサイドベンド

背中を横に曲げる体幹側屈の動きで脇腹の腹斜筋群を鍛える種目。側屈の動きでダンベルをゆっくり下ろしていく局面において、ダンベルを持つ手と反対側の腹斜筋群が力を発揮したまま伸ばされる。

①立位で片手にダンベルを持つ

片手にダンベルを持ち、背すじを伸ばして立つ。足幅は腰幅程度に開く。ダンベルを持たない手は、耳の後ろ付近に添える。

ストレッチポジション

②脇腹の腹斜筋群に力を入れたまま背中を横に曲げる

ダンベルを持つ手と反対側の脇腹に力を入れたまま、背中を横に曲げてダンベルをゆっくり下ろしていく。脇腹が伸びるまでしっかり曲げる。

❷反対側へ曲げていく

脇腹の腹斜筋群に力を入れたまま、左右に側屈していく。

❶背中を横に曲げていく

みぞおちあたりから背中を横に曲げる基本は同じ。

バリエーション

カバンを重りにするサイドベンド

ダンベルの代わりに、カバンやバッグを使うバリエーション。フォームはダンベルで行う場合と同じ。負荷が重いほうが腹斜筋群をより強く伸ばせるので、カバンの中身で重さを調節して行う。

POINT

みぞおちあたりから背中を横に曲げる

脇腹の腹斜筋群に負荷をかけるためには、みぞおちあたりから背中を横に曲げていくのがポイント。

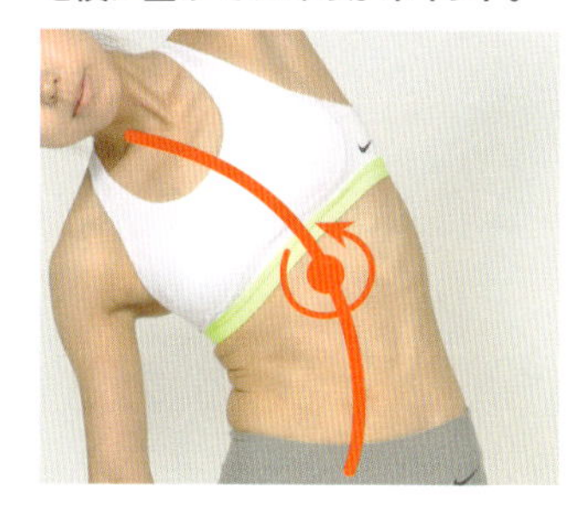

❸背中を反対側へ曲げていく

❷の状態から、脇腹の腹斜筋群に力を入れたまま、背中を反対側へ曲げる。股関節を固定し、体幹の動きだけでダンベルを引き上げるのがポイント。

NG

骨盤が傾いて背中が横に曲がらない

股関節が動いて、脊柱の土台である骨盤が左右に傾くと、背中の側屈が小さくなるのでNG。

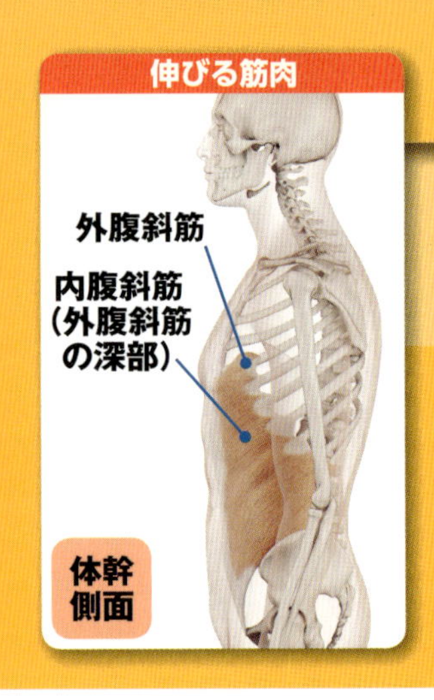

外腹斜筋　内腹斜筋

脇腹の側屈ストレッチ

柱を引く力を使って背中を横に曲げる

柱やポールの横に座り、柱を引く力を使って背中を横に曲げるストレッチ種目。柱を引っ張ることで脇腹の腹斜筋群を強く伸ばすことができる。骨盤を左右に傾けないで行うことがポイント。

❶あぐらで座り片手で柱をつかむ

柱の横にあぐらで座り、片手で柱をつかむ。もう片方の手は床に付いてバランスを取る。

❷柱を引く力を使って背中を横に曲げる

つかんでいる柱を引っ張り、その力を使って上体を引きつけ、背中を横に曲げていく。みぞおちあたりを中心にして背中を横に曲げると、脇腹の腹斜筋群がストレッチされる。

❶あぐらで両手を耳の後ろに添える

あぐらをかくように座って胸を張り、両手を耳の後ろ付近に添える。

❷背中を横に曲げていく

みぞおちあたりを中心に背中を横に曲げる。続けて反対側へも曲げる。

バリエーション

脊柱の動きを意識して ゆっくり自力で側屈する

つかめる柱やポールがない場合のバリエーション。引く力を使えないため、脊柱の動きを意識しながらゆっくり背中を横に曲げていく。骨盤を傾けないポイントは同じ。

NG

お尻が浮いて 骨盤が傾く

柱を引いたときにお尻が浮いてしまうと、脊柱の土台である骨盤が傾き、背中の側屈が小さくなる。

上体が回転して 背中が側屈しない

柱を引いた反動で上体が回転してしまうと、背中を横に曲げる側屈の動きではなくなるのでNG。

硬い人向け

柱をつかむ位置を高くして 腹斜筋群の伸びる強度を下げる

硬い人は、柱のつかむ位置を少し高くすることで、背中を横に曲げる側屈の動きが行いやすい姿勢を作れる。骨盤を傾けずに、柱を引っ張る力で脇腹の腹斜筋群を伸ばすポイントは同じ。

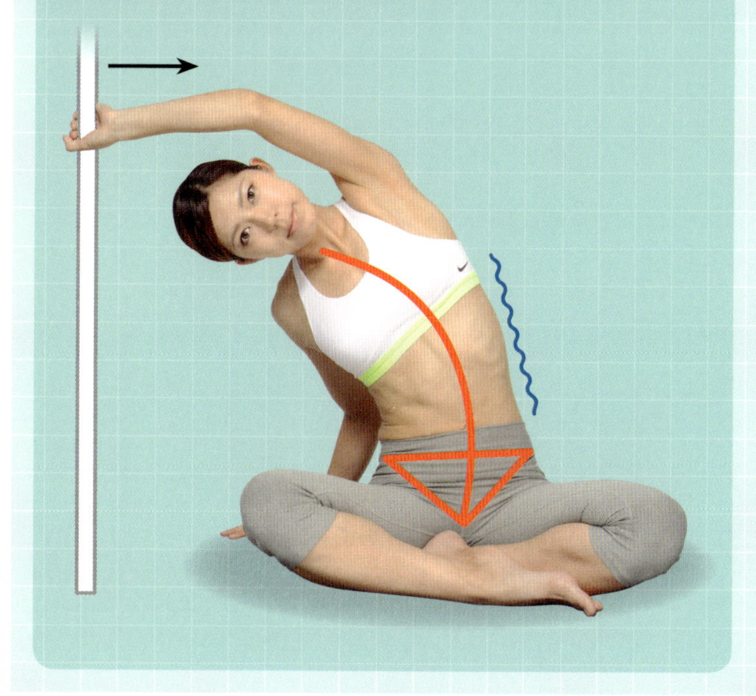

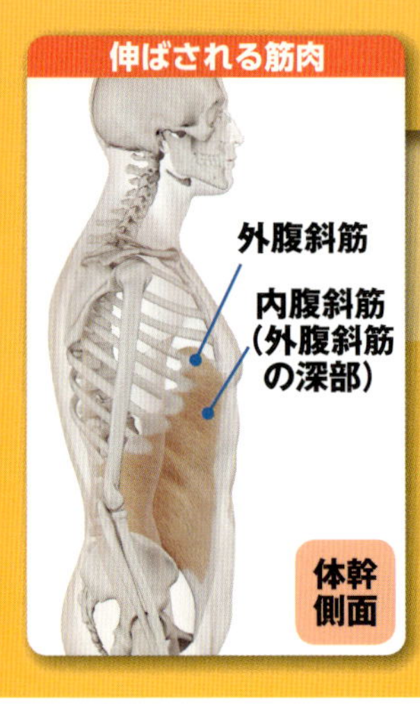

内腹斜筋 外腹斜筋

脇腹の回旋筋トレ

体幹を左右にひねるウインドシールドワイパー

脚を左右に振って体幹をひねる動きで、体幹回旋に働く腹斜筋群を鍛える種目。脇腹に力を入れたまま体幹を大きくひねることによって、ひねる方向と反対側の外腹斜筋が力を発揮したまま伸ばされる。

❶仰向けで柱をつかみ両脚を垂直に上げる

柱かポールに頭を向けて仰向けになり、両手でしっかり柱をつかむ。そこから両脚を揃えて真っすぐ伸ばし、垂直の高さまで上げる。

ストレッチポジション

❷垂直に上げた両脚を側方へ倒して体幹をひねる

脇腹の腹斜筋群に力を入れたまま、垂直に上げた両脚を側方へ倒して体幹をひねる。脚が床に付くギリギリのところまで大きくひねっていく。

バリエーション

ダンベルを左右に振るロシアンツイスト

座った状態で体幹をひねるバリエーション種目。体幹をひねる動きでダンベルを側方へ振る。ダンベルの重みを使って、脇腹の腹斜筋群を鍛えながら伸ばしていく。

❶座って両手でダンベルを持つ

座位で両脚を揃えてヒザを曲げる。上体は後傾させて背すじを伸ばす。

❷体幹をひねってダンベルを振る

体幹をひねる動きでダンベルを側方へ振る。左右交互にひねっていく。

ストレッチポジション

❸反対側へ脚を振り体幹を逆にひねる

❷の状態から、脇腹の腹斜筋群に力を入れたまま、脚を反対側へ大きく振って、体幹を逆方向にひねる。柱にしっかりつかまり、脚と一緒に上体が倒れないように注意する。

NG

肩が浮き上がって上体ごと回る

上体が回ると、体幹がひねられないため、腹斜筋群に負荷がかからず、ストレッチも弱くなる。

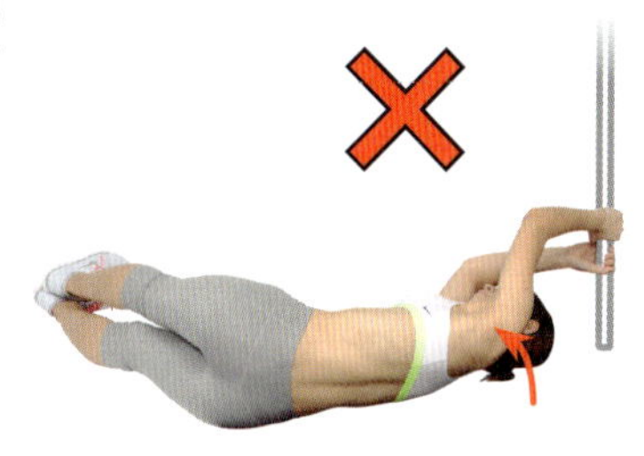

バリエーション❷

両ヒザを曲げて負荷を軽くする方法

側方へ倒す両脚のヒザを曲げることで、脇腹の腹斜筋群にかかる負荷を軽くするバリエーション。脚を伸ばして倒すほど、両脚の重みで負荷は高くなる。

伸びる筋肉

外腹斜筋
内腹斜筋（外腹斜筋の深部）
体幹側面

内腹斜筋　外腹斜筋

脇腹の回旋ストレッチ

下半身から体幹をひねって腹斜筋群を伸ばす

脚の重みを使って体幹を大きくひねる動きで、脇腹の腹斜筋群を伸ばすストレッチ。仰向けとなり、上体がリラックスした状態でストレッチを行うため、体幹をひねる動きが意識しやすい。

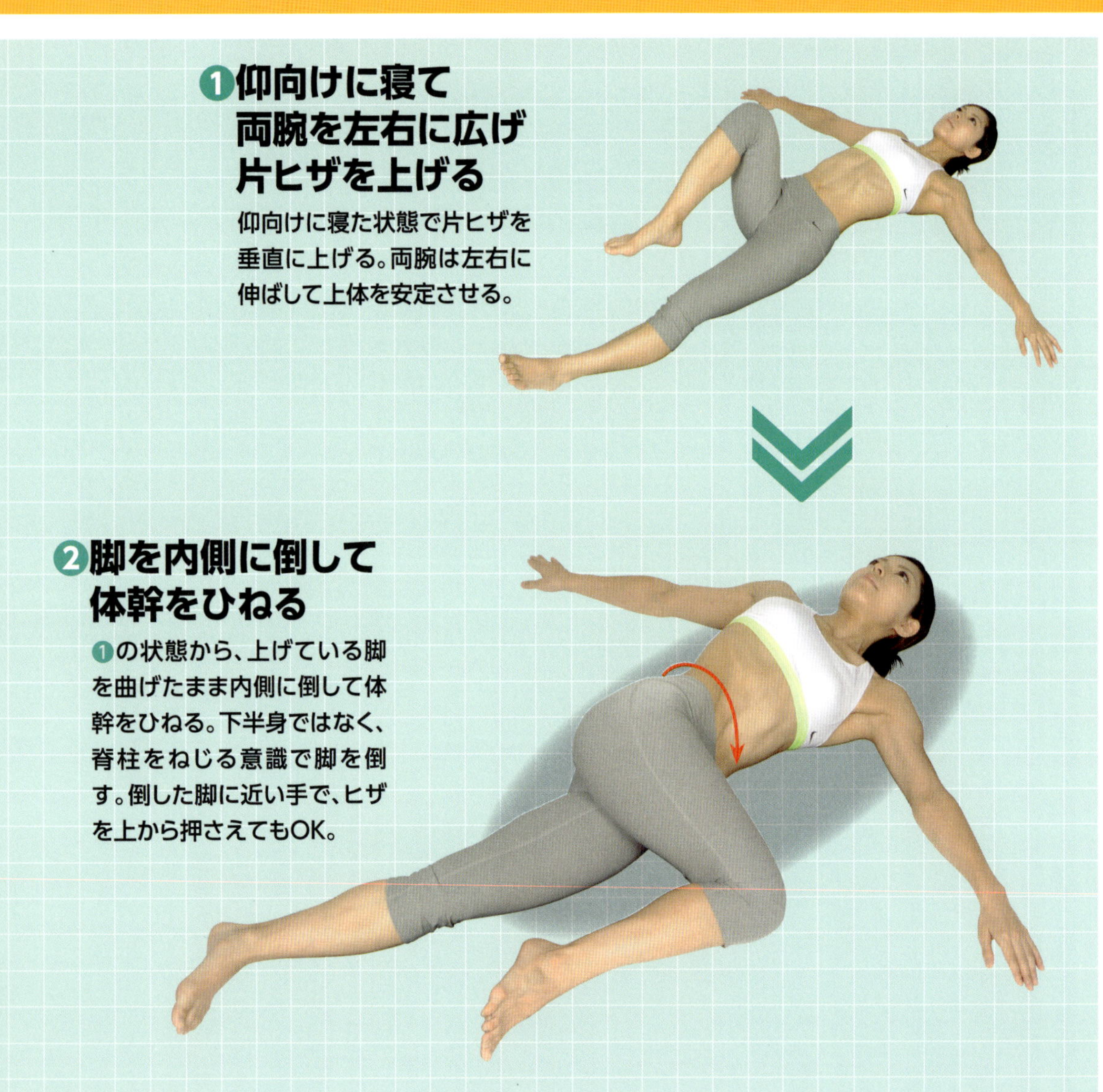

❶仰向けに寝て両腕を左右に広げ片ヒザを上げる

仰向けに寝た状態で片ヒザを垂直に上げる。両腕は左右に伸ばして上体を安定させる。

❷脚を内側に倒して体幹をひねる

❶の状態から、上げている脚を曲げたまま内側に倒して体幹をひねる。下半身ではなく、脊柱をねじる意識で脚を倒す。倒した脚に近い手で、ヒザを上から押さえてもOK。

NG

太ももを斜めに倒す

上げた脚は太ももを真横に倒す。倒すときに股関節が伸展して太ももが斜めになると、体幹のひねりが弱くなる。

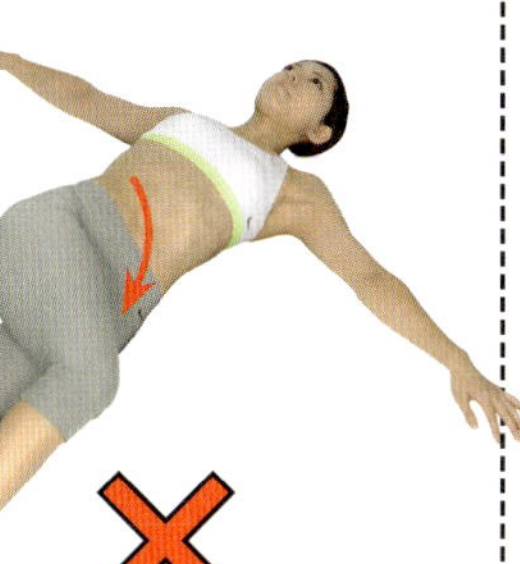

脚を内側に倒すとき、肩が浮いて上体もつられて回ると、体幹がひねられず、腹斜筋群を伸ばせない。

肩が浮き上がる

硬い人向け

イスにつかまって体幹をひねる

イスに座り、背もたれにつかまって体幹をひねる方法。イスにつかまることで、硬い人でも体幹をひねったポジションでキープできる。

❶イスに座って背すじを伸ばす

背もたれのあるイスに深く座り、背すじを真っすぐ伸ばす。イスは座ったときに両足が床に付く高さが最適。

❷背もたれをつかみ体幹をひねる

イスに座ったまま、上体だけ回して背もたれをつかみ、背もたれを引く力を使って体幹をひねる。背もたれを引く力で伸ばす強度を調節できる。

伸ばされる筋肉

小胸筋（大胸筋の深部）
大胸筋
前鋸筋
肋間筋

※上腕三頭筋も伸ばされる

体幹側面

大胸筋 小胸筋 前鋸筋 ほか

胸郭まわりの筋トレ

ダンベルの重みで胸郭を広げるプルオーバー

頭上で両腕を振り上げる動きで、胸部の大胸筋や上腕後面の上腕三頭筋を鍛える種目。頭上へダンベルを下ろしていく局面で、胸郭に付着する前鋸筋や大胸筋が力を入れたまま伸ばされる。

❶水平な台の上で仰向けになりダンベルを上げる

フラットベンチなど水平な台の上で仰向けになり、両腕を伸ばしてダンベルを胸の上でセットする。

ストレッチポジション

❷両腕を伸ばしたままダンベルを下ろして胸郭を広げる

ダンベルの重さを支えながら、ゆっくりダンベルを下ろして胸郭を広げる。両腕を伸ばしたまま下ろすことで、胸郭や大胸筋がしっかり伸ばされる。

この種目では肩関節の外旋がポイントになるため、ヒジを絞りながら腕を外側にひねって動作する。

バリエーション

ハンマーグリップで握るダンベルプルオーバー

ダンベルをハンマーグリップで握ると、肩関節を外側にひねる動き（肩関節外旋）になるため、腕を内側にひねる働き（肩関節内旋）がある大胸筋がより伸ばされる。

POINT

ダンベルの内側に手の平を添えて持つ

この種目では、両手の親指と人差し指で輪を作るように、手の平をダンベルの内側に添えて持つ。

POINT

息を吸いながらダンベルを下ろす

ダンベルを下ろすとき、息を吸って肋骨（胸郭）を引き上げることで、より胸郭まわりが伸ばされる。

❸両腕を伸ばしたまま胸の上の位置までダンベルを上げる

❷の状態から、腕を頭上から振り下ろす動きで、両腕を伸ばしたままダンベルを胸の上の位置まで持ち上げて戻す。大胸筋や上腕三頭筋に負荷がかかり、背中の広背筋や大円筋にも効く。

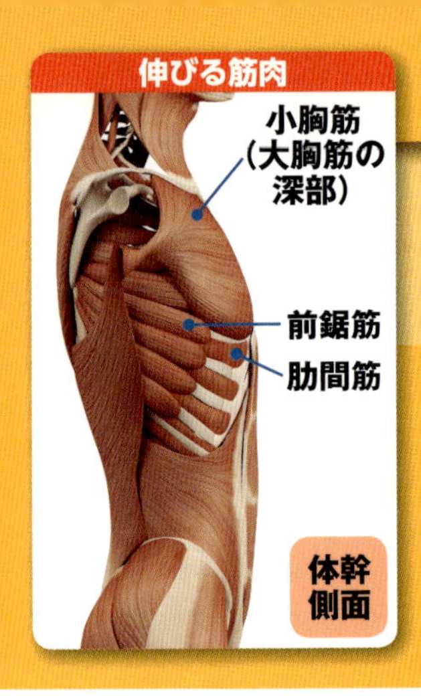

小胸筋　前鋸筋　肋間筋　ほか

胸郭まわりのストレッチ

体幹上部を反らせて胸郭まわりを伸ばす

脊柱の胸椎部分を反らせる動きで、胸郭まわりを伸ばすストレッチ。胸郭に付着する筋肉だけでなく、胸郭の可動域の制限になりやすい胸郭まわりの関節周辺組織も一緒に伸ばすことができる。

❶テーブルから やや離れて立ち 両手をおく

テーブルや台からやや離れて立ち、足を肩幅程度に開く。股関節から上体を倒し、腕を伸ばしてテーブルに両手をおく。手幅は狭めにして、背すじを真っすぐ伸ばす。

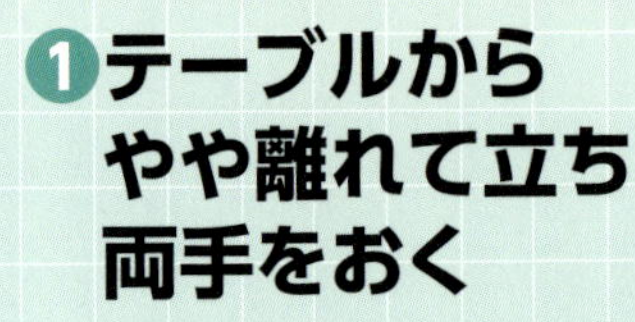

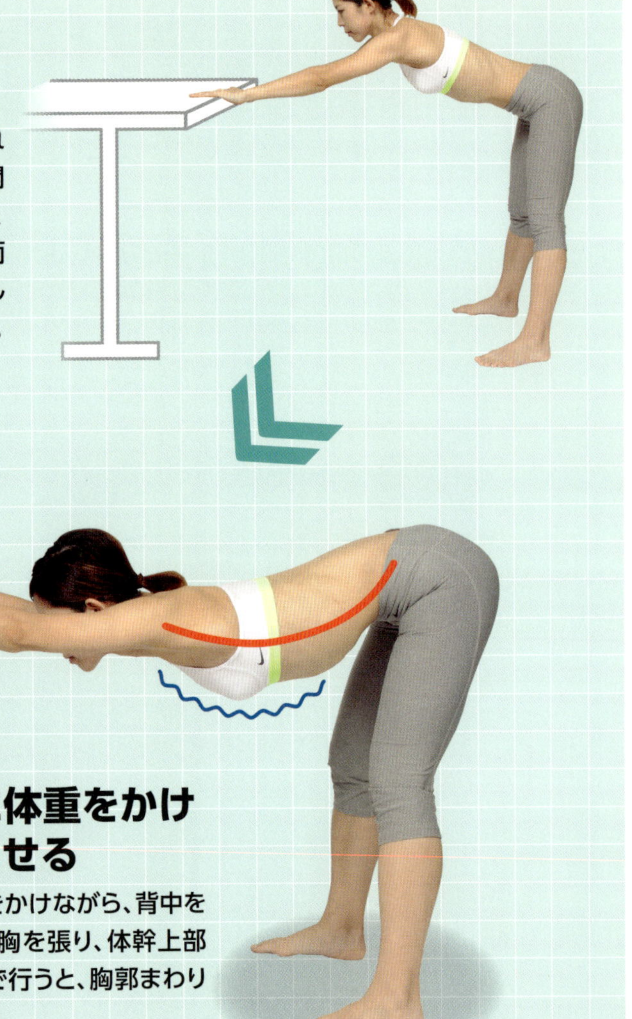

❷テーブルに体重をかけ 背中を反らせる

テーブルに体重をかけながら、背中を大きく反らせる。胸を張り、体幹上部を反らせる意識で行うと、胸郭まわりがしっかり伸びる。

NG

テーブルに近すぎて胸郭を伸ばせない

立つ位置がテーブルに近すぎると、ヒジが曲がり、体重をかけて体幹上部を反らせる動きがやりにくくなるのでNG。テーブルから1m程度離れて立つのが目安となる。

POINT

息を吸いながら背中を反らせる

息を吸って、肋骨(胸郭)を引き上げながら背中を反らせることで、より胸郭まわりがストレッチされる。

NG

頭が下がる

頭が下がると、背中を反らせにくくなり、腕を後方に振る肩関節中心の動きになりやすいのでNG。

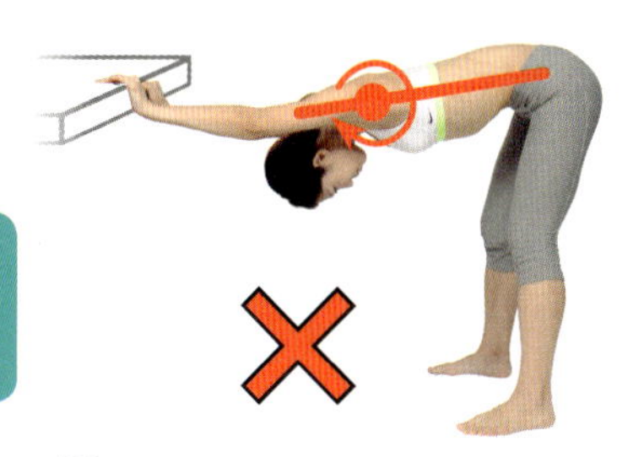

硬い人向け

壁に両手を付いて胸郭まわりを伸ばす

硬い人は、両手を高い位置に付いたほうが胸郭まわりを伸ばしやすくなる。壁に両手を付いて行う方法は、テーブルで行う方法とは異なり、手を付く位置を自分に合った高さに調節できる。

伸ばされる筋肉

頭部
側面

頸部屈曲筋群
頸部側屈筋群
頸部伸展筋群

頸部の屈曲筋群・伸展筋群・側屈筋群

首まわりの筋トレ

徒手抵抗で負荷をかけながら首の筋肉を伸ばす

徒手抵抗やタオルを引く動きで、首の伸展・屈曲・側屈の動きを鍛えていく。徒手抵抗でエキセントリックの局面も負荷をかけ続けることができるため、首まわりの筋肉をしっかり伸ばせる。

首前面の筋トレ

頭を前方に振る 頸部屈曲筋群

頭部を前方へ振る動きに働く頸部屈曲筋群のトレーニング。徒手抵抗でエキセントリックの局面にも負荷をかけ続ける。

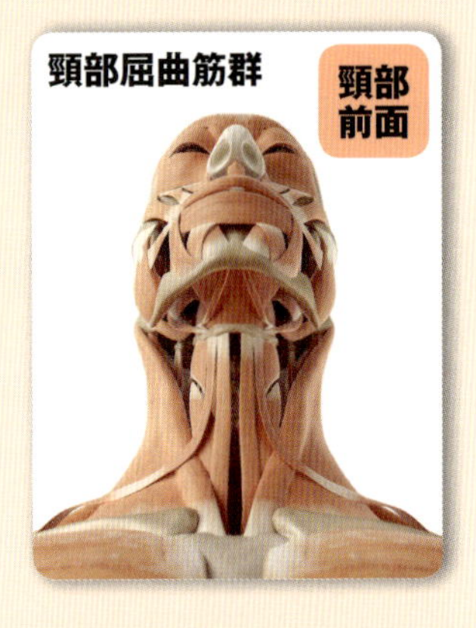

ストレッチポジション

❶親指でアゴを下から押して抵抗を加える

頭部を後方に振った状態で、両手の親指をアゴに当て、下から押し上げて首前面を伸ばす。その力に抵抗しながら頭部を前方に振る。

❷手でアゴを押す力に抵抗して頭を前方に振る

手でアゴを押す力に抵抗しながら、ゆっくり頭部を前方まで振っていく。そのままアゴを押し続け、その力に抵抗しながら❶に戻る。

※青矢印は手の力（徒手抵抗）が働いている方向

ストレッチポジション

首後面の筋トレ

頭を後方に振る 頸部伸展筋群

頭部を後方へ振る動きに働く頸部伸展筋群のトレーニング。タオルを引いてエキセントリックの局面にも負荷をかけ続ける。

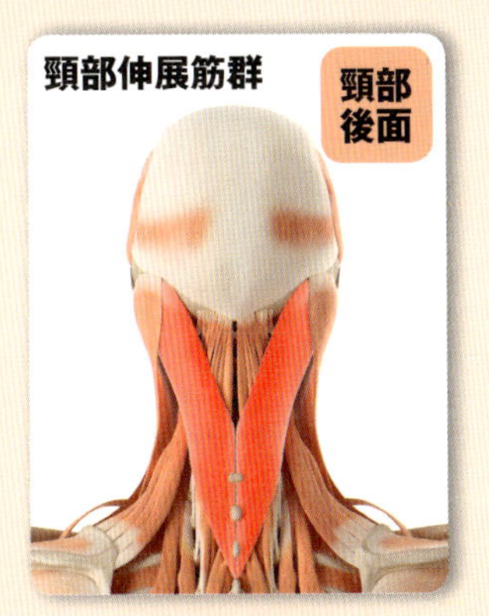

❶タオルを後頭部にかけて両端を持ち抵抗を加える

後頭部にタオルをかけて両端を持ち、頭部を引き下げるようにタオルを引いて首後面を伸ばす。その力に抵抗して頭部を後方に振る。

❷タオルを引く力に抵抗して頭を後方へ振る

タオルを引く力に抵抗しながら、ゆっくり頭部を後方へ振っていく。そのままタオルを引いて抵抗を加え続け、❶の状態へと戻る。

ストレッチポジション

首側面の筋トレ

頭を側方に振る 頸部側屈筋群

頭部を側方へ振る動きに働く頸部側屈筋群のトレーニング。エキセントリックの局面にも負荷をかけ続ける。

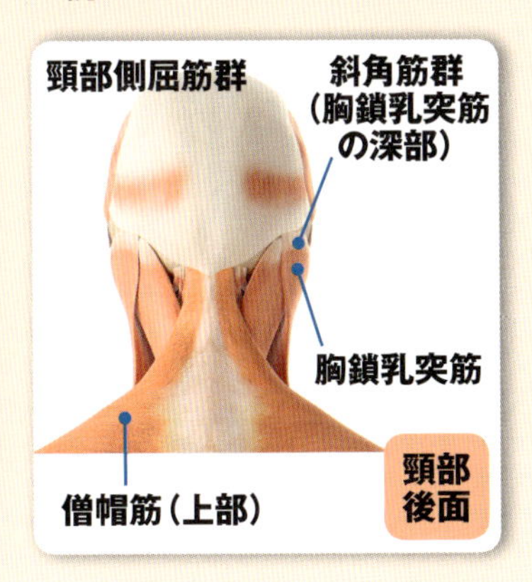

❶タオルを側頭部にかけて両端を持ち抵抗を加える

側頭部にタオルをかけて両端を片手で持ち、頭部を横へ倒すように引いて首側面を伸ばす。その力に抵抗して頭部を反対の側方へ振る。

❷タオルを引く力に抵抗して頭を逆側へ倒す

タオルを引く力に抵抗しながら、ゆっくり頭部を反対側の側方へ振る。そのままタオルを引いて抵抗を加え続け、❶の状態へと戻る。

頸部の屈曲筋群・伸展筋群・側屈筋群

伸びる筋肉

頭部側面

頸部屈曲筋群
頸部側屈筋群
頸部伸展筋群

首まわりのストレッチ

頭部を押し引きして首まわりの筋肉を伸ばす

頭部を手で押し引きしたり、タオルを引く動きで首の前面・後面・側面の筋肉群をストレッチする。頭部を多方向へ動かすことで、数多くの筋肉が走行する首まわりを全体的にほぐしていく。

首前面のストレッチ

頭を前方に振る 頸部屈曲筋群

頭部を後方へ倒すようにアゴを押し上げて首前面の頸部屈曲筋群を伸ばしていく。首のシワ防止にも有効なストレッチ。

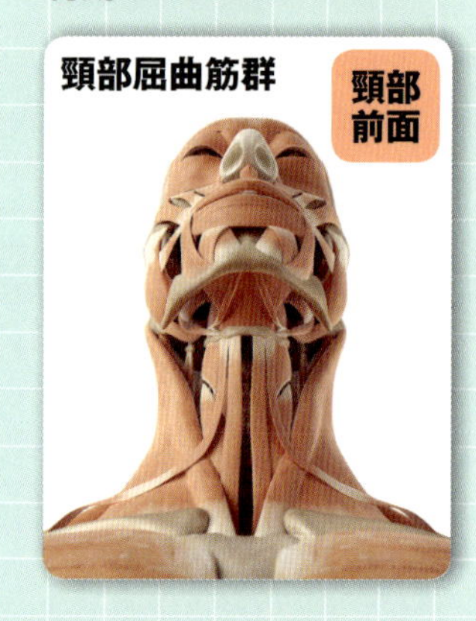

❶手の平を合わせ両手の親指をアゴ先に当てる

手に平を合わせ、両手の親指をアゴ先に当てる。首前面を強く伸ばしたい人は、下アゴを突き出してテコのレバーを長くする。

❷アゴを押し上げ頭を後方へ倒し首前面を伸ばす

親指でアゴを下から押し上げて頭部を後方へ倒し、首前面をストレッチする。アゴ「しゃくれ」させたまま行うことでより強く伸ばせる。

※青矢印は手の力（徒手抵抗）が働いている方向

首後面のストレッチ

頭を後方に振る 頸部伸展筋群

タオルで頭部を引き下げて首後面の頸部伸展筋群を伸ばしていく。首のコリや疲れの予防・緩和にも有効なストレッチ。

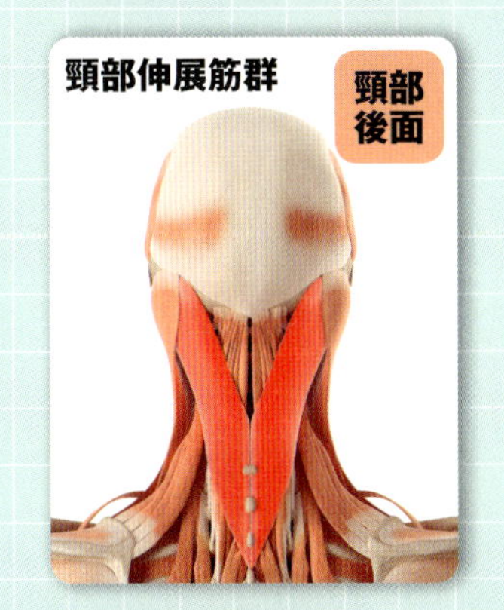

❷タオルを引いて頭を引き下げ首後面を伸ばす

タオルを引いて頭部を引き下げ、首後面をストレッチする。このとき、上体が一緒に丸まると首後面が伸びなくなるので注意する。

❶タオルを後頭部にかけ両端を持つ

やや頭頂に近い後頭部にタオルをかけて両端を持つ。タオルをかける位置が低いとテコが小さくなるため、首後面を伸ばしにくい。

首側面のストレッチ

頭を側方に振る 頸部側屈筋群

手で頭部を横へ引き倒して、首側面の頸部側屈筋群を伸ばしていく。肩コリの予防・緩和にも有効なストレッチ。

側頭部に手を当てて頭を横に引き倒し首側面を伸ばす

手を反対側の側頭部に当て、頭部を横にゆっくり引き倒す。頭部を真横に倒すことで首の側面がストレッチされる。

上体ごと横に倒れ首側面が伸びない

首の動きにつられて、上体も一緒に横へ倒れると、首の側屈が小さくなり、首側面が伸びなくなる。

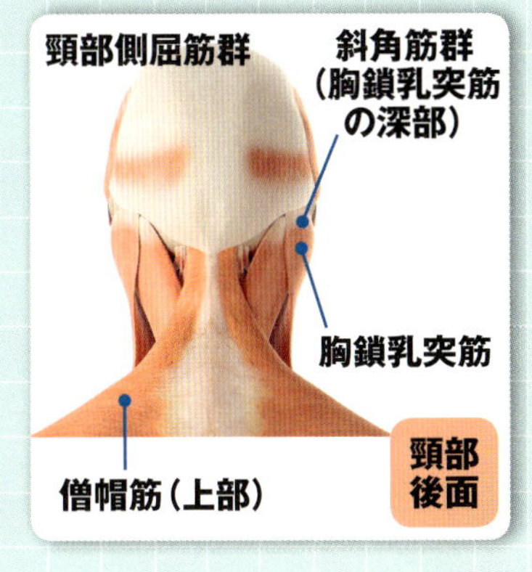

Column

体幹の動きと脊柱の可動域

胸椎と腰椎が生み出す体幹の大きな動き

　人間の背骨にあたる脊柱は、椎骨という骨が上下にいくつも連なって構成されています。上下の椎骨が関節する椎間関節は、それぞれわずかな可動域しかもたないものの、複数の椎間関節が同時に可動することで、脊柱は大きく動くことが可能になります。

　脊柱は、頸部の脊柱を「頸椎（7個）」、胸部の脊柱を「胸椎（12個）」、腰部の脊柱を「腰椎（5個）」とよび、腰椎の下には、骨盤の一部である仙骨と尾骨があります。

　仙骨と尾骨はほとんど動かないため、脊柱を動かすのは主に頸椎・胸椎・腰椎の椎間関節。頸椎が首の動きに関わるのに対し、胸椎と腰椎は体幹の動きに関わります。

　本書で「体幹の動き」とよんでいる動作は、ほぼ胸椎と腰椎によって行われているといって良いでしょう。

部位によって異なる脊柱の複雑な可動域

　しかし、体幹の動きは複雑であり、胸椎と腰椎（の椎間関節）がすべて均等に動くわけではありません。部位によって関与する動きや、可動域の大きさが異なります。

　脊柱（背中）を前後に曲げ伸ばしする「体幹の伸展・屈曲」に関しては、腰椎の可動域が大きく、胸椎の可動域は腰椎の半分程度になります。

　脊柱を横に曲げる「体幹側屈」の動きについては、胸椎と腰椎の可動域に大きな差はありません。胸椎と腰椎の椎間関節がそれぞれ均一に動いて体幹を横に曲げています。

　上体をひねる「体幹回旋」の動きは、胸椎と腰椎の可動域に顕著な差が見られます。腰椎には回旋の可動域がほとんどありません。体幹をひねる動きは、ほぼ胸椎部分によって行われます。

　体幹の動きは意識することが難しいため、筋トレやストレッチで体幹を動かす際は、胸椎と腰椎の可動域を意識して行うと効果的です。

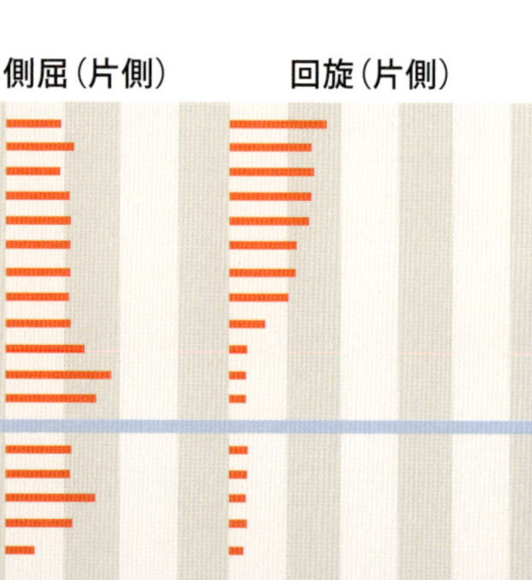

（WhiteとPanjabi,1990より改変）

左図は、「体幹動作」における胸椎と腰椎の椎間関節の可動域を比較したグラフ。「T」は胸椎、「L」は腰椎を表す。例えば、「T1-T2」は、第1胸椎と第2胸椎が関節する椎間関節のこと。この図を見れば、胸椎は「回旋」、腰椎は「伸展・屈曲」の可動域が大きいことがわかる。

第3章

筋トレ＋ストレッチ 股関節

大小の筋肉が集まっている股関節は、多方向に動かして柔軟性を高めていきます。筋トレ種目は10回が限界となる負荷で3セット。ストレッチ種目は15〜30秒間伸ばすのが目安。片側ずつ行う種目は左右とも実施しましょう。

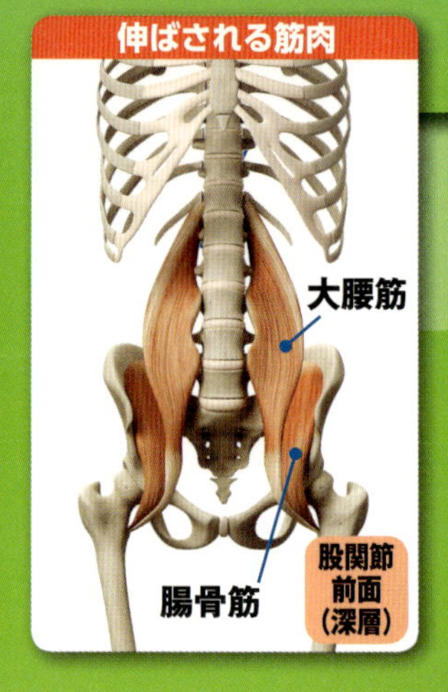

腸腰筋(大腰筋・腸骨筋)

股関節深部(前側)の筋トレ

後ろ脚の付け根にも負荷をかけるランジ

通常のランジは片足を踏み込んで大殿筋の上部〜中央を鍛える種目。片足を踏み出したときに上体の前傾を抑え、後ろ脚に体重を残すことで、太ももを上げる動きに働く腸腰筋をターゲットにできる。

❶立った状態で背すじを伸ばし片足を上げる

背すじを伸ばして立ち、両手を腰に当てる。そこから片足を上げて前方へ踏み出す動きに入る。

ストレッチポジション

❷片足を前方に踏み出して後ろ脚の付け根を伸ばす

背すじを伸ばしたまま片足を前方に踏み出す。後ろ脚の付け根が伸びるように沈み込むことで、後ろ脚の腸腰筋が体重を支えながら伸ばされるエキセントリック筋活動になる。

❶両脚を伸ばして垂直に上げる

仰向けで柱をつかむ。両脚を揃えて伸ばし、垂直に上げる。

❷両脚を揃えたまま振り下ろす

両脚を揃えて伸ばしたまま、床ギリギリまで振り下ろす。そこから❶に戻る。

バリエーション

腸腰筋と腹直筋下部を伸ばすレッグレイズ

仰向けの状態で柱やポールをつかみ、両脚を振り下ろす動きで、腸腰筋や腹直筋下部を鍛える種目。脚を振り下ろす局面で腸腰筋が両脚の重みを支えながら伸ばされる。

POINT

上体の前傾を抑え腸腰筋を伸ばす

片足を踏み出したとき、上体の前傾を抑え、後ろ脚に体重を残すことで腸腰筋をしっかり伸ばせる。

NG

上体が前傾して腸腰筋が伸びない

片足を踏み出したとき、上体が前傾したり、上体が丸まると、後ろ脚付け根の腸腰筋を伸ばせない。

❸後ろ脚の力で上体を持ち上げ両足立ちに戻る

前足を踏み込むとともに、❷の状態で伸ばした腸腰筋を働かせ、後ろ脚の力でもとの位置に戻る。

❹足を左右替えて前方に踏み出す

両足立ちに戻ったら、足を左右替えて前方に踏み出す。同じ足を続けて踏み出す方法のほうがインターバルが短くなるため強度は高い。

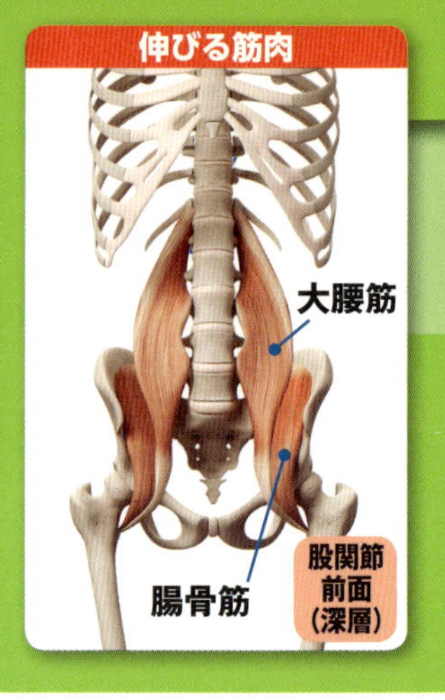

腸腰筋(大腰筋・腸骨筋)

股関節深部(前側)のストレッチ

太ももを後方に振って脚の付け根を伸ばす

太ももを後方に振る動きで、太ももを前方に振る働きのある腸腰筋を伸ばす種目。脊柱・骨盤と太ももの大腿骨をつなぐ腸腰筋が硬くなると、姿勢の崩れや腰痛につながるのでしっかり伸ばそう。

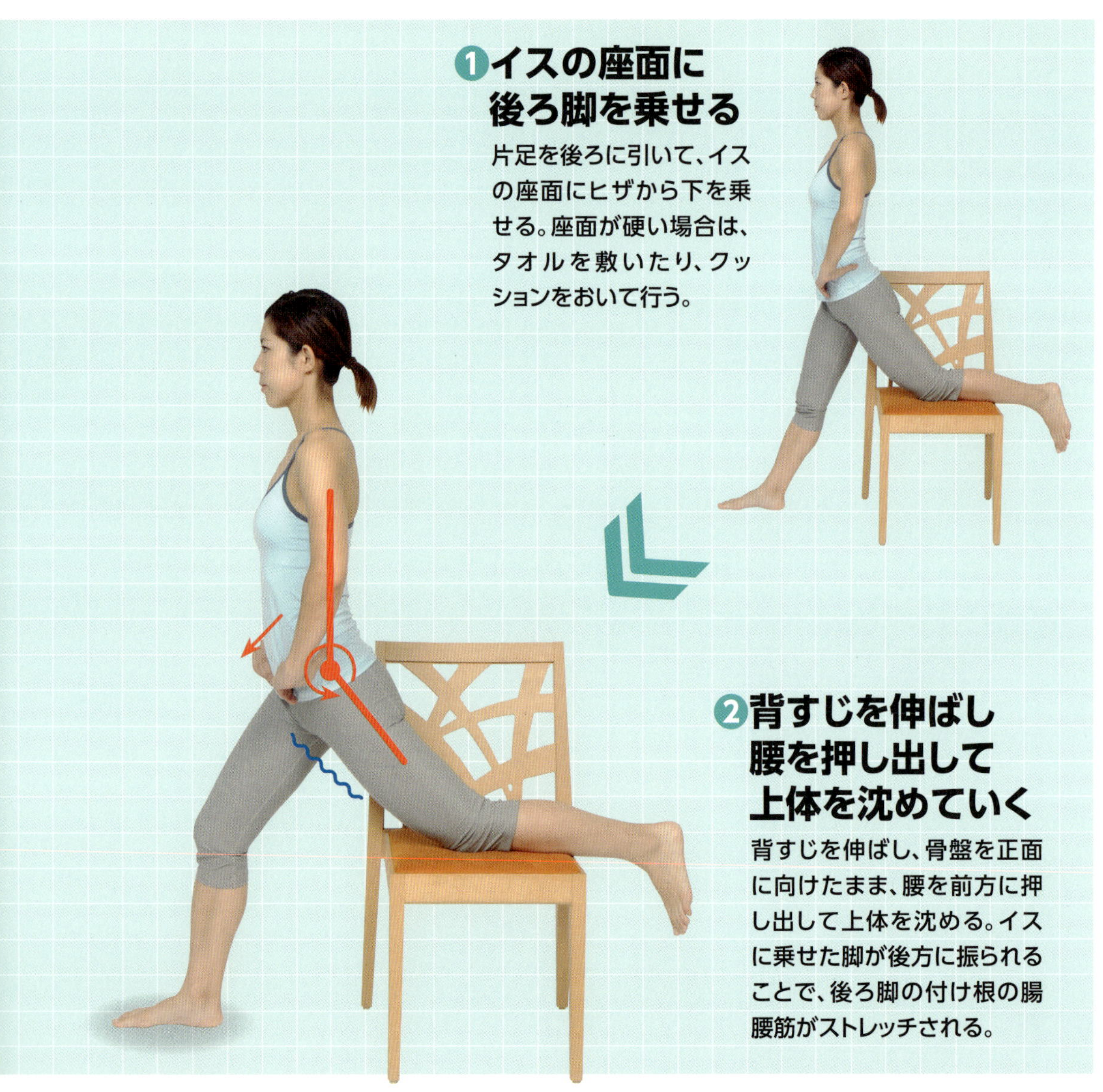

❶イスの座面に後ろ脚を乗せる

片足を後ろに引いて、イスの座面にヒザから下を乗せる。座面が硬い場合は、タオルを敷いたり、クッションをおいて行う。

❷背すじを伸ばし腰を押し出して上体を沈めていく

背すじを伸ばし、骨盤を正面に向けたまま、腰を前方に押し出して上体を沈める。イスに乗せた脚が後方に振られることで、後ろ脚の付け根の腸腰筋がストレッチされる。

うつ伏せで片脚を曲げて外側に出す。そこから両腕で上体を持ち上げ、後ろに伸ばした脚の付け根に体重をかけて腸腰筋を伸ばす。背中を反らせずに行うのがコツ。

バリエーション

床に寝て腸腰筋をストレッチする方法

床に脚の付け根を押し付けて、腸腰筋を伸ばすバリエーション。伸ばす強度はやや落ちる。じゅうたんやヨガマットの上で行えば、痛みを感じずに行うことができる。

NG

背中が反る

背中が反ると、股関節ではなく、脊柱の動きになるため、腸腰筋のストレッチが弱くなってしまう。

NG

骨盤が回る

骨盤が回ると、太ももを後方に振る動きではなく、外側に開く動きになるため、腸腰筋がしっかり伸ばせない。

硬い人向け

立位で脚を前後に開き後ろ脚の腸腰筋を伸ばす

体が硬くて姿勢を作るのが難しい人は、立った状態で腸腰筋を伸ばすとよい。背すじを伸ばし、腰を前方に押し出して上体を沈める動きは同じ。

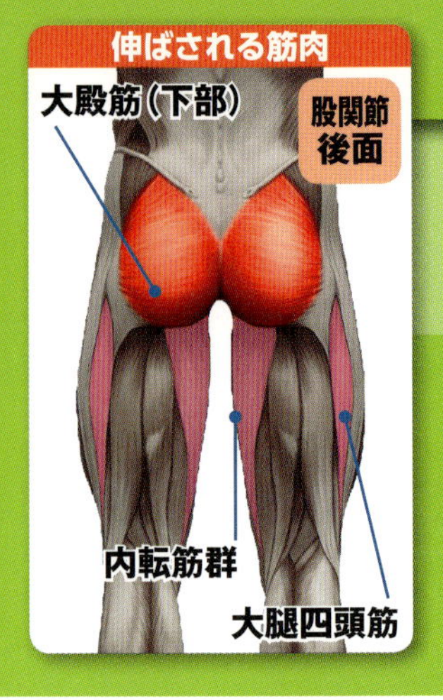

お尻（下部）の筋トレ

大殿筋を伸ばしながら鍛えるスクワット

下半身全体を鍛えられる筋トレの代表的な種目のひとつ。しゃがみ込む局面において、太ももを後方に振る働きのある大殿筋の下部が、エキセントリック筋活動で体重を支えながら伸ばされる。

❶背すじを伸ばしつま先を外側に開いて立つ

立位で背すじを伸ばし、ヒザを軽く曲げる。足幅は肩幅程度でつま先を少し外側に開く。両手は耳の後ろ付近に添える。

ストレッチポジション

❷お尻を引いて上体を倒しながら深くしゃがみ込む

背すじを伸ばしたまま、お尻を後方に引き、上体を前傾しながらしゃがみ込んでいく。太ももが水平になるまでを目安に深く沈む。

NG

ヒザが前に出すぎる

つま先よりヒザが前に出ると太もも前面への負荷が高まる。が、代わりにお尻への負荷は小さくなる。

NG

背中が丸まる

しゃがむときに背中が丸まっていると、脊柱が障害されやすい。腰を痛める原因にもなるのでNG。

NG

しゃがむときに内股気味になる

しゃがむときにヒザが内側へ入ると、ヒザを痛める危険があるのでNG。女性に多く見られるNG例。

❸背すじを伸ばしたまま起き上がる

背すじを伸ばしたまま、ゆっくり起き上がる。ヒザが伸びると負荷が抜けるため、ヒザは真っすぐになるまで伸ばさない。

横から見たフォーム

①ヒザとつま先がだいたい同じラインにくるのが基本。②お尻はカカトのラインよりも後ろの位置にくるようにしゃがむ。③上体の前傾角度は30～45度が目安。

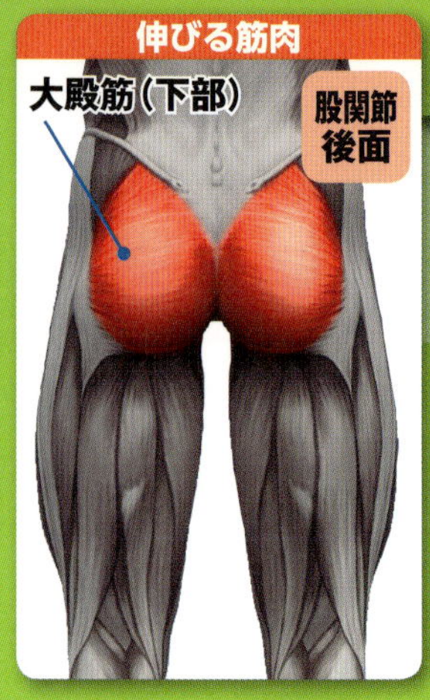

大腰筋（下部）

お尻（下部）のストレッチ

太ももを前方に振ってお尻の大殿筋を伸ばす

太ももを前方に振る動きで、太ももを後方に振る働きのある大殿筋の下部を中心にストレッチする種目。下半身の動きを支える大殿筋は筋肉の体積が大きいため、体重をかけて高強度で伸ばす。

❶イスの正面にやや離れて立ち片足を座面に乗せる

イスの正面にやや距離をおいて立ち、座面に片足を乗せる。足先だけでなく、カカトまでしっかり座面に乗せる。両手は前脚のヒザにおく。イスが動く場合は、壁際など動かない場所におく。

❷腰を前方に押し出しながらイスに体重をかける

背すじを伸ばし、腰を前方に押し出しながら、イスに体重をかけて前脚側のお尻を伸ばす。

ヒザが前に出る

イスへ体重をかけるときにヒザが前に出ると、大殿筋下部がストレッチされなくなるのでNG。

背すじを伸ばしてイスに体重をかける

上体を前傾させるより、背すじを伸ばしたまイスに体重をかけると、股関節が屈曲して大殿筋下部が伸びる。

硬い人向け

仰向けに寝た状態で片脚を引き寄せる

片脚を抱えて自分のほうへ引き寄せる方法。自分に合った強度で伸ばすことができる。寝た状態で行うため脱力しやすいメリットも。

❶仰向けになり片脚を抱える

仰向けに寝た状態で、片脚のヒザを両手で抱える。下半身は脱力してリラックスする。

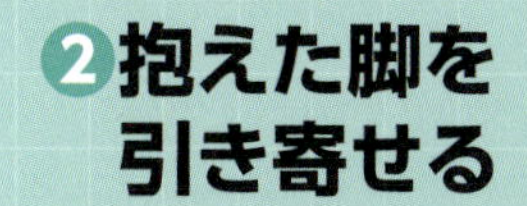

❷抱えた脚を引き寄せる

抱えた脚を自分のほうへ引き寄せる。引き寄せる方向を微妙に調節してお尻の伸びが感じられるポジションを見つけよう。

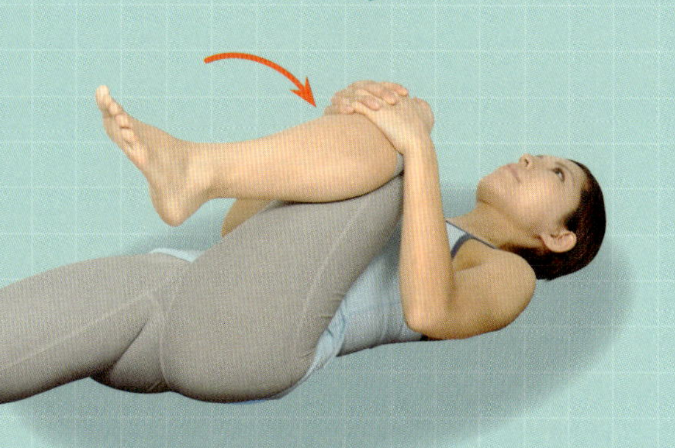

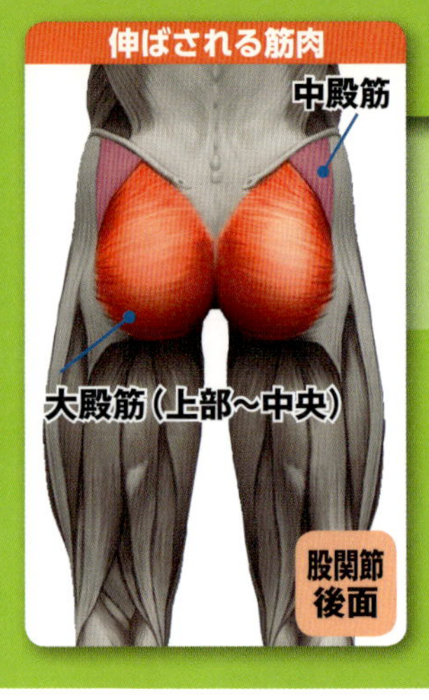

大殿筋(上部〜中央)・中殿筋 ほか

お尻(上部〜中央)の筋トレ①

片脚を引いて大殿筋上部を鍛えるバックランジ

片足を後方へ引いて大殿筋の上部を鍛えるランジ。前脚にしっかり体重が乗り、片脚種目でしか鍛えられない大殿筋上部に負荷が集中する。前脚に体重を乗せて沈むことで大殿筋上部が伸ばされる。

❹足を左右替えて片足を上げる

足を左右替えて片足を小さく上げ、再び後方へ足を引く動きに入る。

NG

前脚のヒザが出る

足を引いたときに前脚のヒザが前方へ出ると、太もも前面に負荷がかかり、大殿筋に効かなくなる。

ストレッチポジション

❺後方に足を引いて前脚に体重を乗せる

大きく足を引くほど、エキセントリック筋活動で前脚側の大殿筋上部が体重を支えながら伸ばされる。

バリエーション

足を踏み出して前進するウォーキングランジ

左右交互に足を大きく踏み出して前進していくランジのバリエーション。前足に体重をかけながら左右の大殿筋上部を鍛えられる。広い場所でしか行えないのが欠点。

❶背筋を伸ばして片足を踏み出す

少し上体を前傾させながら、片足を大きく前方に踏み出す。

❷足を左右替えて踏み出し前進

後ろ脚を大きく前方に踏み出して前進。これを繰り返す。

ストレッチポジション

❶背すじを伸ばして立ち片足を上げる

背すじを伸ばして立ち、両手を腰に当てる。そこから片足を小さく上げて、後方へ足を引く動きに入る。

❷片足を後方に引いて前脚に体重を乗せる

背すじを伸ばし、上体を少し前傾させながら、片足を後方へ大きく引いて前脚に体重を乗せる。

❸前足を踏み込んで両足立ちに戻る

前脚の力で上体を持ち上げ両足立ちに戻る。股関節の動きで上体を持ち上げることで、前脚側の大殿筋上部に負荷がかかる。

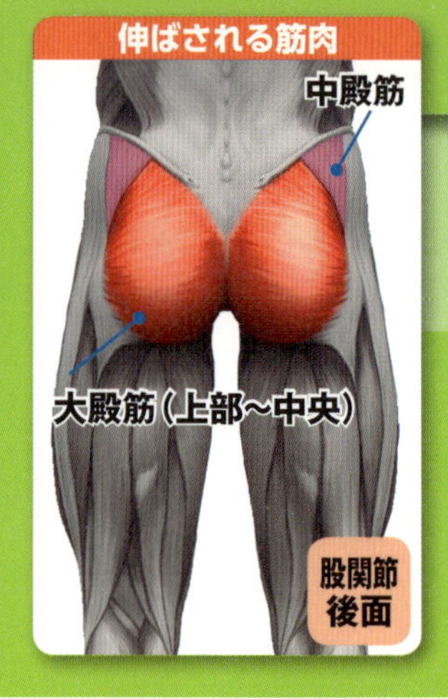

大殿筋（上部〜中央）・中殿筋 ほか

お尻（上部〜中央）の筋トレ②

大殿筋上部を刺激するブルガリアンスクワット

片脚で高強度の股関節伸展動作を行うことにより、大殿筋上部を高強度で鍛える種目。上体を沈める局面において、前脚側の大殿筋上部が、エキセントリック筋活動で体重を支えながら伸ばされる。

①立ったまま イスの座面に 片足を乗せる

両手にダンベルを持ち、イスを背にして立つ。そこから背すじを伸ばし、片脚のヒザを曲げて、イスの座面に足先を乗せる。

ストレッチポジション

②前足に体重を乗せて 上体を深く沈める

背すじを伸ばしたまま上体を沈める。前脚の太ももが水平近くになるまで沈むのが目安。イスに後ろ足を乗せることで、前足にしっかり体重が乗る。

バリエーション

ダンベルを持たずに自重で行う方法

ダンベルを持たずに、負荷を下げて行う。フォームはダンベルを持って行う場合と同じ。筋力が弱い筋トレ初心者や女性にとってはこの方法でも十分に効果的。

足幅が狭い

両足を前後に開く幅が狭いと、上体を深く沈められない。さらにヒザが前に出やすくなってしまう。

ヒザが前に出る

上体を沈めるときにヒザが前に出ると、太もも前面に負荷がかかり、お尻の大殿筋には効かなくなる。

❸前足で地面を押し立ち上がる

前足で地面を押して上体を持ち上げ、❶の状態に戻る。
後ろ脚よりも前脚、ヒザ関節よりも股関節へ重点的に負荷をかけるのがポイント。

横から見たフォーム

ヒザとつま先がだいたい同じラインにくるのが基本。ヒザが前に出すぎないように注意する。

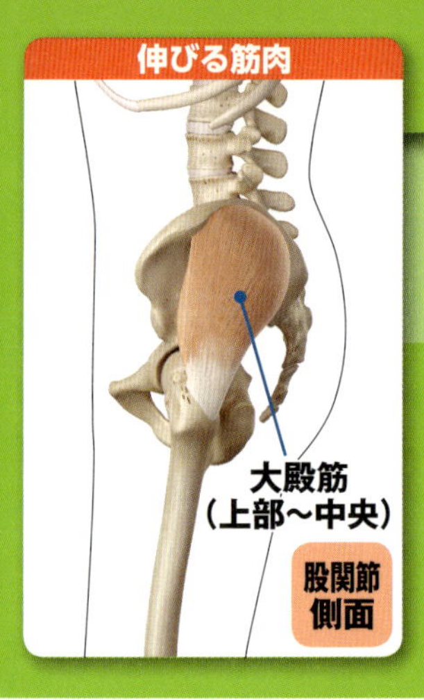

大殿筋（上部～中央）

お尻（上部～中央）のストレッチ

片脚を大きく前方に振って大殿筋上部を伸ばす

片脚を外側に開いた状態で付け根から屈曲させる動きによって、太ももを後方に振る動き（股関節伸展）と、付け根から外側にひねる動き（股関節外旋）に働く大殿筋の上部～中央をストレッチする。

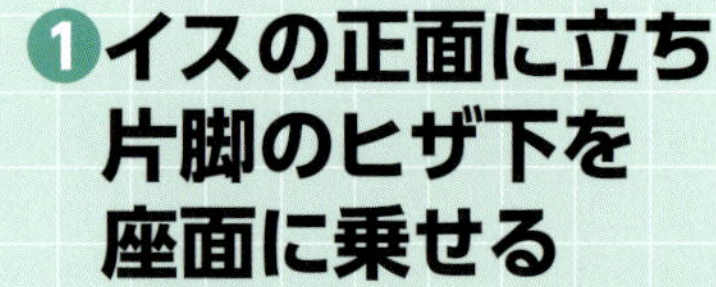

❶イスの正面に立ち片脚のヒザ下を座面に乗せる

イスの正面に向いて立ち、座面に片脚のヒザ下部分を乗せて、背すじを伸ばす。両手は座面の脚を固定する。座面が硬い場合はタオルなどを敷く。

❷お尻を引きながらイスに体重をかけ上体を前傾する

背すじを伸ばしたまま、お尻を引いてイスに体重をかける。股関節を支点に上体を前傾し、前脚側の大殿筋を伸ばす。

バリエーション

座った状態で足を組み大殿筋上部を伸ばす方法

座って大殿筋上部を伸ばすバリエーション。片ヒザを立てた脚に、もう片方の脚のすね部分をかけて上体を倒す。足先をかけると大殿筋を伸ばしにくくなるので注意。

❶座位で足を組み背すじを伸ばす

座位で片ヒザを立てて足を組み、両手は上体が倒れないように支える。

❷股関節から上体を前傾する

背すじを伸ばしたまま、股関節から上体を前傾して大殿筋を伸ばす。

NG 脚を深く曲げてイスに乗せる

イスに乗せる脚は、ヒザを深く曲げると前脚全体に体重がかかり、大殿筋が伸びない。ヒザ下部分を座面と平行に乗せるのが目安。

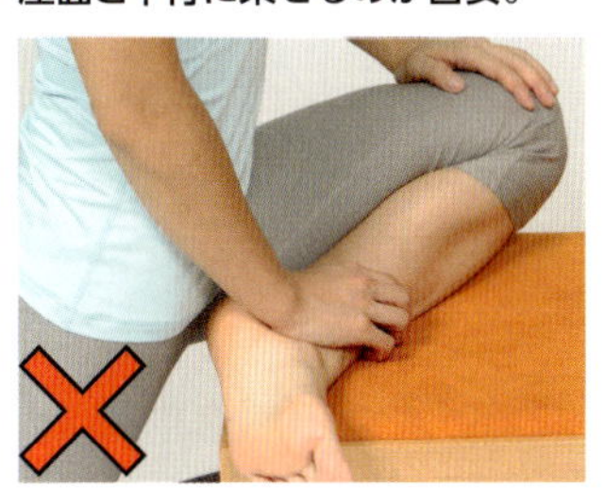

NG 背すじが曲がる

背すじが曲がっていると、股関節の屈曲が小さくなり、脚の付け根である大殿筋が伸びなくなる。

硬い人向け

片脚を抱え込んで大殿筋上部を伸ばす

イスを使うストレッチの姿勢を作るのが難しい場合は、座った状態で片脚を抱える方法で伸ばすとよい。

抱えた脚は、水平ではなく、やや上方に向かって引き寄せると、大殿筋が伸びやすい。

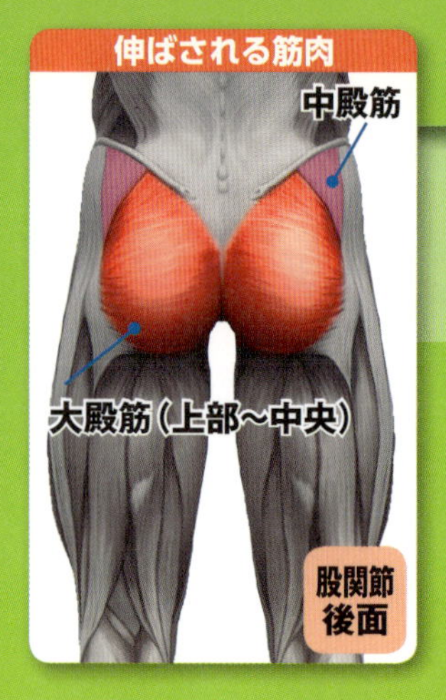

中殿筋・大殿筋（上部〜中央）ほか

お尻側部の筋トレ

片脚で中殿筋を鍛える片手片足デッドリフト

片脚の股関節伸展動作でお尻側部の中殿筋から大殿筋上部を鍛える種目。片脚だけで上体を倒す局面において、軸脚側の中殿筋や大殿筋上部がエキセントリック筋活動で上体を支えながら伸ばされる。

❶片足立ちでイスや台につかまる

片手にダンベルを持ち、もう片方の手はイスや台につかまる。そこから背すじを伸ばして片足立ちになる。

ストレッチポジション

❷軸足に体重をかけながら股関節から上体を倒す

背すじを伸ばしたまま、股関節から上体を倒す。体重のかかった軸脚のヒザを軽く曲げながら、上体を深く倒していく。

❷前足に体重を乗せて上体を倒す

背すじを伸ばしたまま、前足に体重を乗せ、ヒザを軽く曲げながら股関節から上体を倒す。

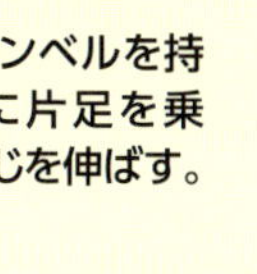

❶立位で片足をイスに乗せる

両手にダンベルを持ち、イスに片足を乗せて背すじを伸ばす。

バリエーション

片足立ちで上体を倒す 両手片足デッドリフト

両手にダンベルを持ち、片足をイスに乗せて上体を倒していくバリエーション種目。中殿筋や大殿筋上部をハードに鍛えられる。お尻側部のストレッチも強い。

POINT

対角線方向にひねる

上体を倒す動きに、肩と骨盤のラインを対角線方向にひねる動きを加えてダンベルを下ろしていく。

前から見たフォーム

前から見たとき、肩と骨盤のラインが対角線方向にひねられるように動作すると、股関節内転・外転の稼働範囲が大きくなって、中殿筋がより鍛えられる。

NG

背すじが丸まる

上体を倒すときに背すじが丸まると、股関節の屈曲が小さくなり、お尻側部への負荷が低くなる。

❸軸足を強く踏み込んで起き上がる

軸足を踏み込んで上体を起こし、❶の状態に戻る。股関節を伸展する動きで起き上がることがポイントとなる。

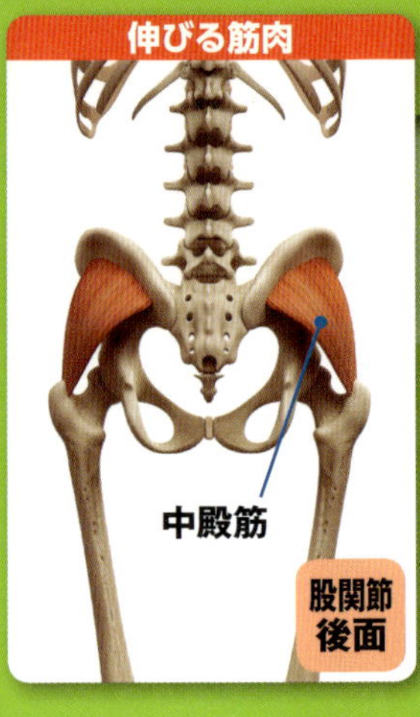

中殿筋

お尻側部のストレッチ

骨盤から上体を側方に傾けて中殿筋を伸ばす

骨盤から上体を側方へ倒し、太ももを内側に振る股関節内転の動きで、太ももを外側に振る働きのある中殿筋をストレッチする。脚を動かすのではなく、骨盤を傾けて伸ばすのがポイント。

❶立った状態で足を肩幅に開き背すじを伸ばす

足を肩幅程度に開いて立ち、背すじを伸ばす。両手は腰に当てる。

❷お尻を側方へ突き出しながら骨盤を傾ける

背すじを伸ばし、お尻を側方へ突き出しながら、骨盤から上体を側方へ傾ける。伸ばす側の脚に体重をかけて骨盤を傾ける。

NG

骨盤が傾かず
脊柱が曲がる

脊柱を横に曲げる動きで上体を倒すと、骨盤が傾かず、股関節も内転しないため、中殿筋が伸びない。

POINT

骨盤を傾けて
股関節を内転する

骨盤ごと上体を側方に傾けることで、太ももが内側に振られて、中殿筋がストレッチされる。

NG

お尻が後方に
突き出る

骨盤を傾けるときにお尻が後方へ突き出ると、太ももを前方に振る動きに近くなるためNG。

NG

軸脚のヒザが曲がる

伸ばす側の脚のヒザが曲がると、骨盤が真横に傾かないので中殿筋が伸びない。

硬い人向け

骨盤を小さく傾けて中殿筋を適度に伸ばす

お尻を大きく突き出すフォームを作るのが難しい人は、骨盤の傾きを小さくして行えばOK。

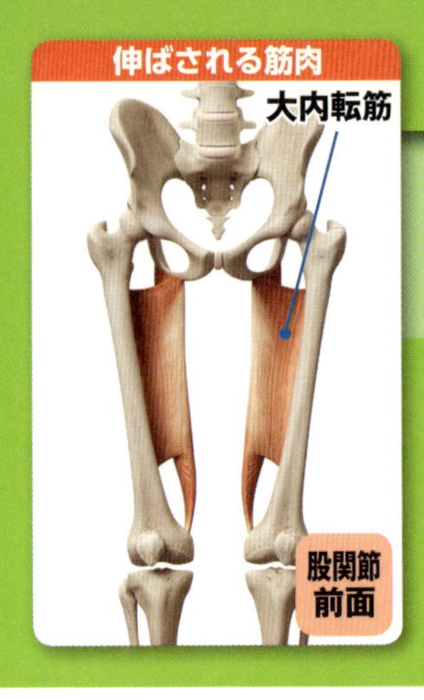

内転筋群（主に大内転筋）

太もも内側の筋トレ

股関節内転筋群を鍛えるワイドスクワット

足を大きく開いて行うスクワット。太ももを内側に振る働きのある股関節内転筋群を鍛えられる。上体を沈める局面において、大内転筋がエキセントリック筋活動で体重を支えながら伸ばされる。

ストレッチポジション

❷背すじを伸ばしたまま上体を沈めていく

背すじを伸ばしたまま、両ヒザを曲げて上体を深く沈める。太ももが水平になるまで沈むのが目安。

❶背すじを伸ばし足を肩幅より開いて立つ

立位で背すじを伸ばし、ヒザを軽く曲げる。足幅を肩幅より広くしてつま先を外側に開く。両手は耳の後ろ付近に添える。

❷両ヒザを伸ばし立ち上がる

背すじを伸ばしたまま、両ヒザを伸ばして立ち上がる。

❶背すじを伸ばしたまま上体を沈めていく

両ヒザを曲げて、太ももが水平になる程度まで沈む。

バリエーション

ダンベルで負荷を高めるワイドスクワット

両手にダンベルを持って負荷を高めるバリエーション。動作中にダンベルの重さで上体が前傾しないように注意して行う。1つの重いダンベルを両手で持ってもOK。

NG

上体が前傾する

上体を沈めるとき、上体が前傾すると股関節が屈曲し、内転筋群ではなく大殿筋に負荷がかかる。

NG

ガニ股ではなく内股気味になる

ガニ股ではなく、内股気味に行うと、内転筋群に負荷がかからない。ヒザを痛める危険もあるのでNG。

❸両ヒザを伸ばして立ち上がる

背すじを伸ばしたまま、ゆっくり起き上がる。股を割ったまま立ち上がることで、太ももを内側に振る動きとなり、内転筋群に負荷がかかる。体を倒す意識で行う。

前から見たフォーム

通常のスクワットと異なり、股を割った状態でしゃがみ込むため、上体はあまり前傾しない。前傾は20度程度が目安。

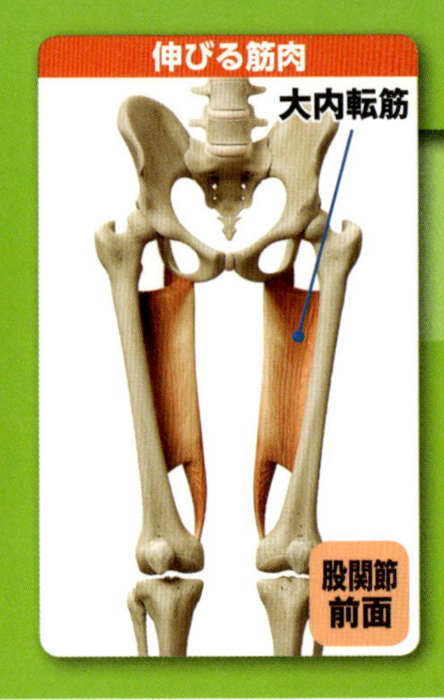

内転筋群（主に大内転筋）

太もも内側のストレッチ①

股を割る動きで内転筋群の後ろ側を伸ばす

相撲で行うシコのように、太ももを外側に開く動きで、太ももを内側に振る働きのある股関節内転筋群の後ろ側をストレッチする種目。ガニ股で上体を沈めるだけの簡単な動きで大内転筋を伸ばせる。

❶背すじを伸ばし足を肩幅より開いて立つ

立位で背すじを伸ばし、足幅を肩幅より広くして、つま先を外側に開く。ヒザを軽く曲げ、両手はヒザにおいてリラックスする。

❷上体の前傾を抑えながら上体を深く沈めていく

背すじを伸ばしたまま、上体の前傾を抑えながら、ガニ股で上体を深く沈める。ワイドスクワット（→P.96）と異なり、下半身を脱力して沈んでいく。

バリエーション

イスに片足をおいて内転筋群を伸ばす方法

イスを使って片脚ずつ伸ばすバリエーション。片脚に体重を乗せて伸ばすため、高強度でストレッチできる。イスが動いてしまう場合は、壁際などにおいて行う。

❶イスに対して横向きで立ち片足を乗せる

片脚を外側へ開いてイスに乗せ、つま先を外側へ開く。

❷腰を動かしイスに体重をかける

腰を横へ押し出しながら、イスに体重をかける。

NG

つま先が前方に向いている

つま先を外側に開き、ガニ股で動作しなければ、足幅を広くしても、大内転筋はストレッチされない。

上体が前傾する

上体が前傾すると、股関節屈曲の動きになってしまうため、大内転筋がストレッチされない。

硬い人向け

やや足幅を狭めて伸ばす強度を低くする

深く沈める姿勢を作るのが難しい場合は、やや足幅を狭めて上体を沈めればOK。上体の前傾を抑えるポイントは同じ。ヒザに手をおいたまま上体を沈めることで、伸ばす強度を調節できる。

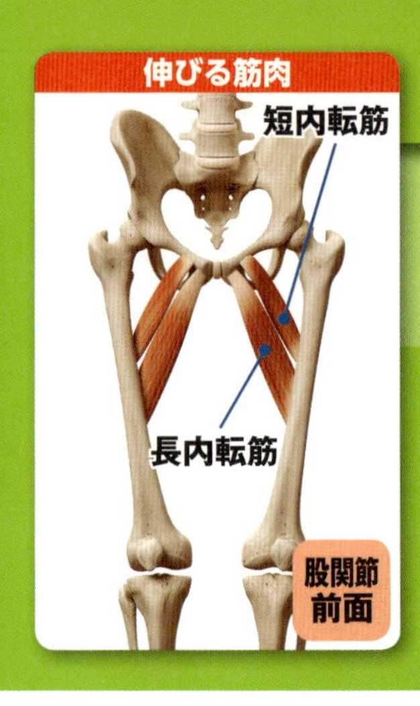

内転筋群（主に長内転筋・短内転筋）

太もも内側のストレッチ②

骨盤から上体を側方に傾けて内転筋群を伸ばす

骨盤から上体を側方に倒し、太ももを外側に振る動きで、太ももを内側に振る働きのある股関節内転筋群を伸ばす種目。「お尻側部のストレッチ」（→P.94）とは伸ばす脚が逆になるので注意。

❶立った状態で足を大きく開き背すじを伸ばす

足を肩幅以上に大きく開いて立ち、背すじを伸ばす。つま先は開かず、前方に向ける。両手は腰に当てる。

❷片脚のヒザを曲げながら骨盤ごと上体を側方へ倒す

もう片方のヒザを伸ばしたまま、骨盤ごと上体を斜めに傾ける。手の力で脚の付け根を斜めに押すと、より強く伸ばせる。

バリエーション❷

両脚を伸ばしたまま開き内転筋群と薄筋を伸ばす

大きく開脚して内転筋群を伸ばすバリエーション。ある程度柔らかい人向け。股関節とヒザ関節をまたぐ薄筋も伸ばすことができる。

❶座って脚を大きく開く

座位で背すじを伸ばし、両脚を伸ばして大きく開脚する。

❷上体を前方に倒す

ヒザを伸ばしたまま、股関節から上体を可能な範囲で倒す。

バリエーション

脚を外にひねった状態で内転筋群を伸ばす

座った状態で内転筋群を伸ばす方法。ストレッチする姿勢が作りやすい。

❶座った状態で足裏を合わせ足先をつかむ

座って足裏を合わせ、足先を下（小指側）から両手でつかむ。そこから背すじを伸ばす。

❷手で足先を引き寄せながら上体を前傾する

背すじを伸ばしたまま、手で足先を引き寄せるとともに、上体を前傾して内転筋群を伸ばす。

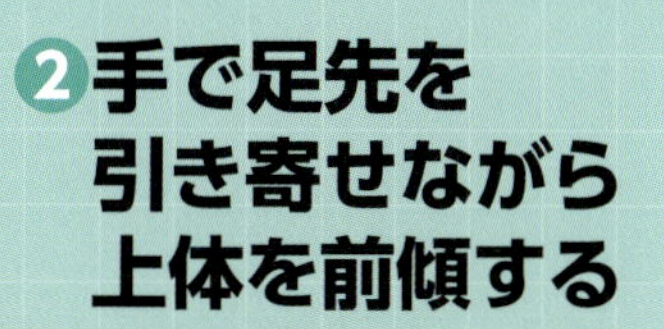

POINT

骨盤を傾けて股関節を外転する

骨盤ごと上体を側方に傾けることで、太ももが外側に振られて、内転筋群がストレッチされる。

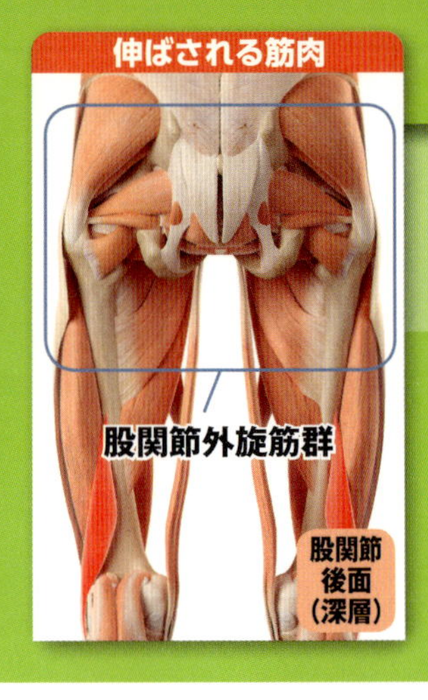

股関節外旋筋群

股関節外旋筋群の筋トレ

徒手抵抗で股関節深層の外旋筋群を鍛える

手で脚を押す徒手抵抗で、太ももを付け根から外側へひねる働きのある股関節外旋筋群を鍛える方法。太ももを内側へひねるエキセントリックの局面も徒手抵抗で負荷をかけ続けることができる。

❶両ヒザを押して抵抗を加える

座位で両脚を曲げ、肩幅に開く。両ヒザを外側から手で押して、その力に脚の力で抵抗する。

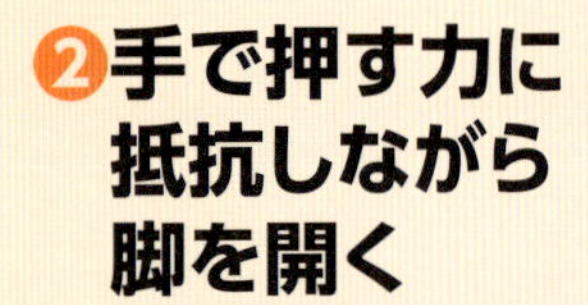

❷手で押す力に抵抗しながら脚を開く

手でヒザを押す力に抵抗しながら、太ももを付け根から外側にひねり、脚を開いていく。

ストレッチポジション

❸両ヒザを手で押し続けその力に抵抗しながら脚を閉じて❶に戻る

両ヒザを押し続け、エキセントリック筋活動で脚を閉じ、❶へと戻る。

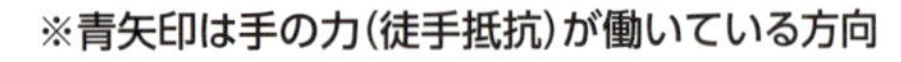

※青矢印は手の力(徒手抵抗)が働いている方向

バリエーション❷

股関節外旋の動きに自重で負荷をかける

片脚で上体を支えた体勢から、股関節を外旋するバリエーション種目。中・上級者向け。太ももを付け根から外側にひねる動きに、自重で負荷がかけられる。

❶横向きに寝て下側の足を浮かす

横向きに寝て下側の足を浮かし、もう片方の足の内くるぶしあたりに体重をかける。

❷上側の脚を外側にひねる

下側の足を浮かしたまま、上側の脚を付け根から外側にひねりながら体を持ち上げる。

❶両ヒザを押して抵抗を加える

座位で両脚を90度程度に曲げ、両ヒザを外側から手で押して、その力に脚の力で抵抗する。

❷手で押す力に抵抗しながら脚を開く

手でヒザを押す力に抵抗しながら、太ももを付け根から外側にひねり、脚を開いていく。

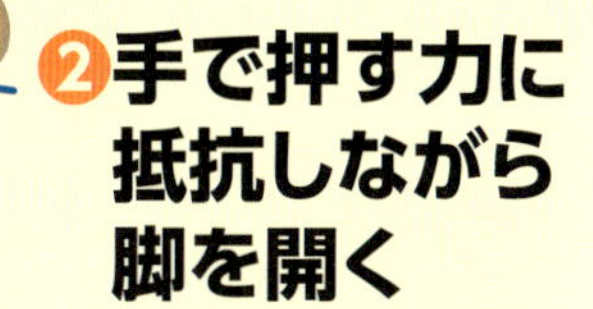

ストレッチポジション

❸両ヒザを手で押し続けその力に抵抗しながら脚を閉じて❶に戻る

両ヒザを押し続け、その力に抵抗しながら脚を閉じ、❶へと戻る。

バリエーション

両脚を揃えた状態で脚を開く方法

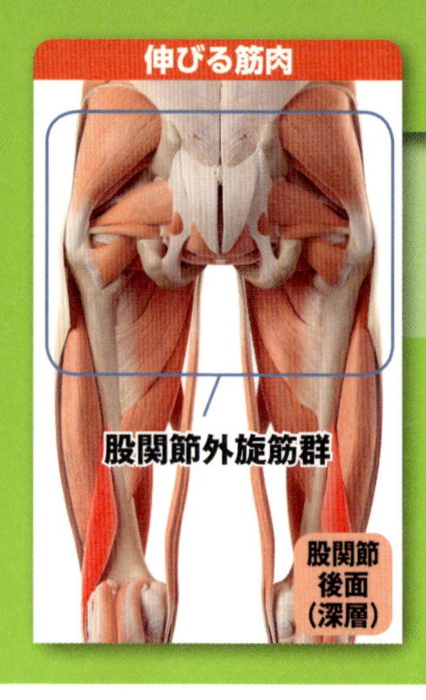

股関節外旋筋群のストレッチ

太ももを内側に倒して股関節外旋筋群を伸ばす

脚を付け根から内側にひねって倒す動きで、脚を外側にひねる働きのある股関節外旋筋群を伸ばす。テレビを見ながらできる手軽な種目なので、しっかり伸ばして股関節を深層からほぐそう。

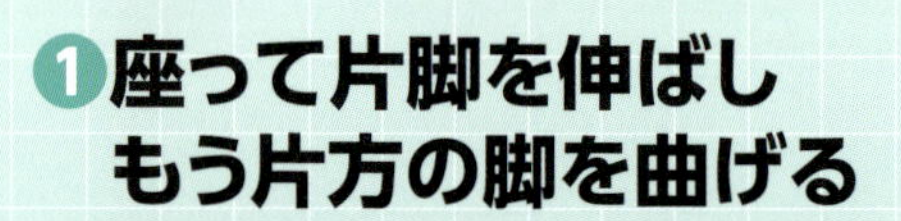

①座って片脚を伸ばし もう片方の脚を曲げる

座位で片脚を伸ばし、もう片方の脚を少し外側においてヒザを曲げる。両手は後方に付いて上体を支える。

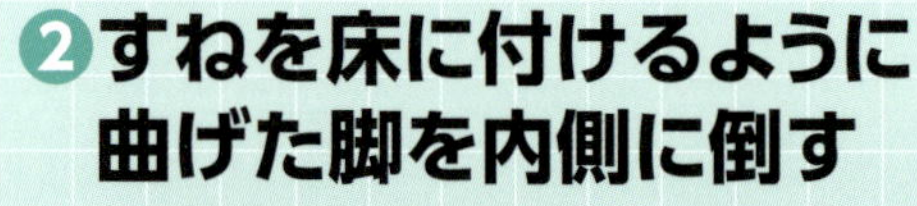

②すねを床に付けるように曲げた脚を内側に倒す

①の状態から、ヒザを曲げた脚を付け根から内側にひねって倒す。すねが床に付くぐらいまで倒していく。

❶仰向けに寝て 片ヒザを立てる

仰向けの状態で片脚を少し外側に開き、ヒザを曲げる。

❷片ヒザの脚を 内側に倒す

片ヒザの脚を付け根から内側にひねって倒していく。

バリエーション

仰向けに寝た状態で 脚を内側にひねる方法

仰向けに寝てリラックスした状態で、脚を付け根から内側にひねる方法。上体や骨盤が安定し、脱力した状態で動作するため、股関節を内旋する動きに集中しやすい。

NG

お尻が浮いて 骨盤が回ってしまう

脚をひねる動きにつられてお尻が浮き上がると、骨盤が回って脚を内側にひねる動きが小さくなる。

NG

ひねる脚のヒザが 曲がりすぎている

ひねる脚のヒザを深く曲げすぎると、テコのレバーが短くなって股関節を効果的にひねれない。

硬い人向け

ひねる側の脚を もう片方の脚で押さえる

硬い人は、ひねる側の脚に、もう片方の脚をかけて上から押さえて行う。脚の重みのアシストによって股関節をしっかりひねることができる。

伸ばされる筋肉

股関節内旋筋群

股関節
側面
（深層）

股関節内旋筋群

股関節内旋筋群の筋トレ

徒手抵抗で股関節深層の内旋筋群を鍛える

手で脚を開く徒手抵抗で、太ももを付け根から内側へひねる働きのある股関節内旋筋群を鍛える方法。外側へひねるエキセントリックの局面も徒手抵抗で負荷をかけ続けることができる。

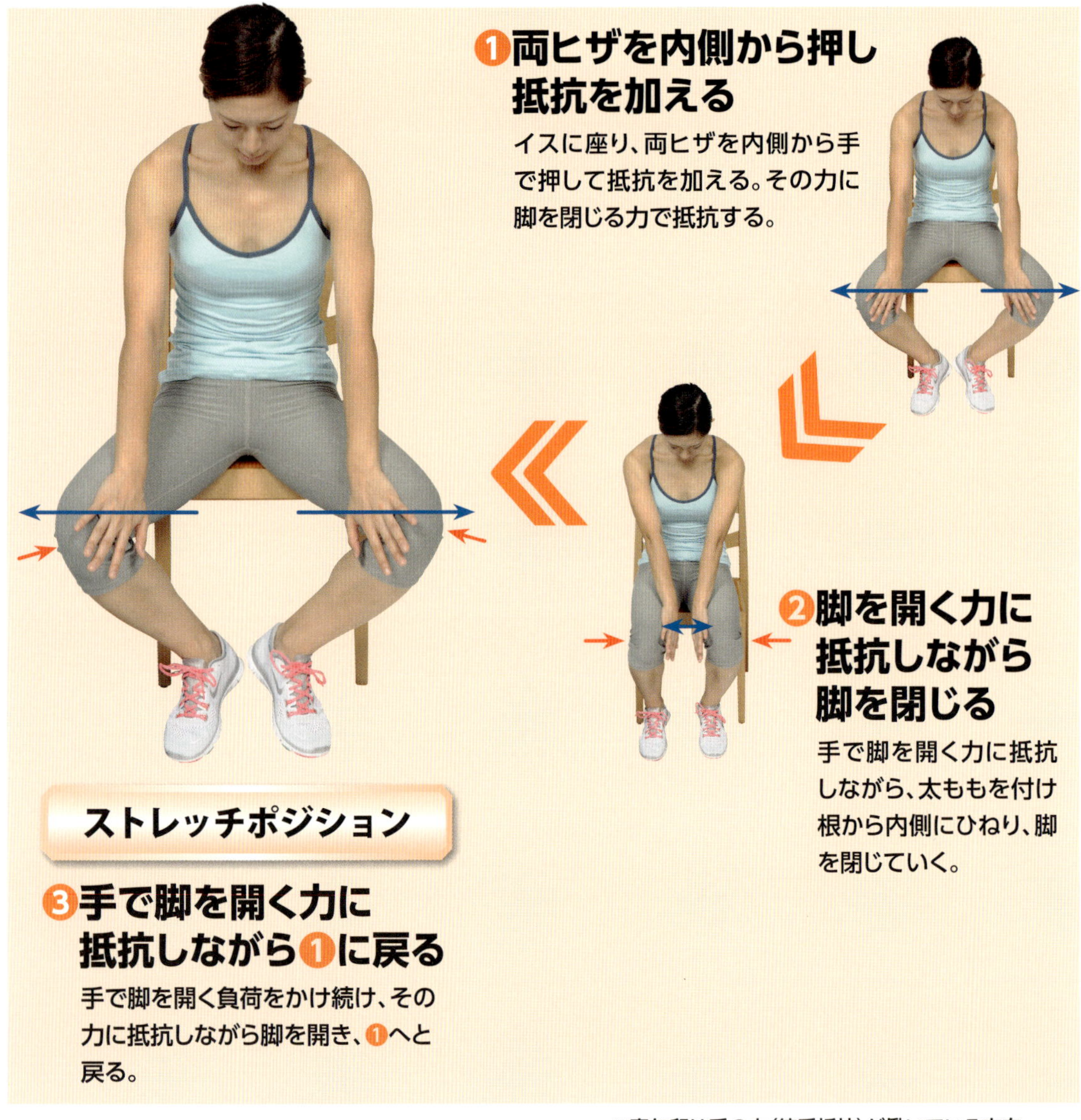

❶両ヒザを内側から押し抵抗を加える

イスに座り、両ヒザを内側から手で押して抵抗を加える。その力に脚を閉じる力で抵抗する。

❷脚を開く力に抵抗しながら脚を閉じる

手で脚を開く力に抵抗しながら、太ももを付け根から内側にひねり、脚を閉じていく。

ストレッチポジション

❸手で脚を開く力に抵抗しながら❶に戻る

手で脚を開く負荷をかけ続け、その力に抵抗しながら脚を開き、❶へと戻る。

※青矢印は手の力（徒手抵抗）が働いている方向

戻す局面で負荷をかけない

縮めた筋肉を伸ばすエキセントリックの局面で負荷を抜くのは、筋トレ効果が低くなるのでNG。

全局面において負荷をかけ続ける

徒手抵抗種目では、筋肉を縮める局面も、伸ばす局面も、負荷を抜かずにかけ続けるのがポイント。

バリエーション

床に座った状態で脚を閉じる方法

1 両ヒザを内側から押し抵抗を加える

床に座って両脚を90度程度に曲げる。両ヒザを手で内側から押して、その力に脚を閉じる力で抵抗する。

2 手の力に抵抗して脚を閉じていく

手で脚を開く力に抵抗しながら、太ももを付け根から内側にひねり、脚を閉じていく。

ストレッチポジション

3 手で脚を開く力に抵抗しながら1へと戻る

手で脚を開く負荷をかけ続け、その力に抵抗しながら脚を開き、1に戻る。

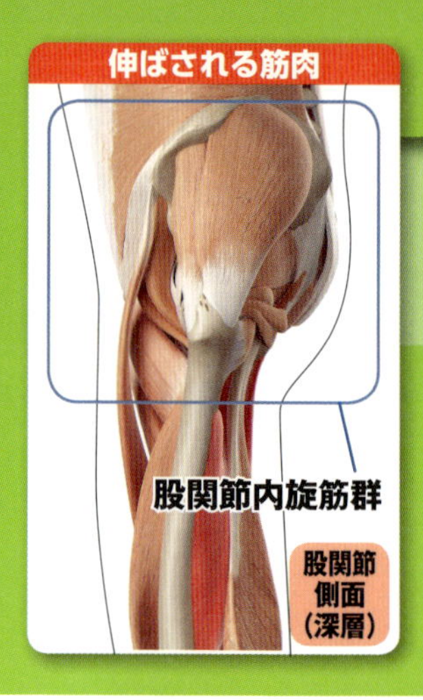

股関節内旋筋群のストレッチ

太ももを外側に開いて股関節内旋筋群を伸ばす

脚を付け根から外側にひねる動きで、脚を内側にひねる働きのある股関節内旋筋群を伸ばす種目。股関節内旋の柔軟性は左右差が出る場合も多いので、しっかりストレッチして柔軟性を高めよう。

❷手でヒザを上から押して脚の付け根から外側にひねる

❶の状態から、上側の脚のヒザを上から押して、脚の付け根から外側にひねる。上側の脚を固定して行うのがポイント。

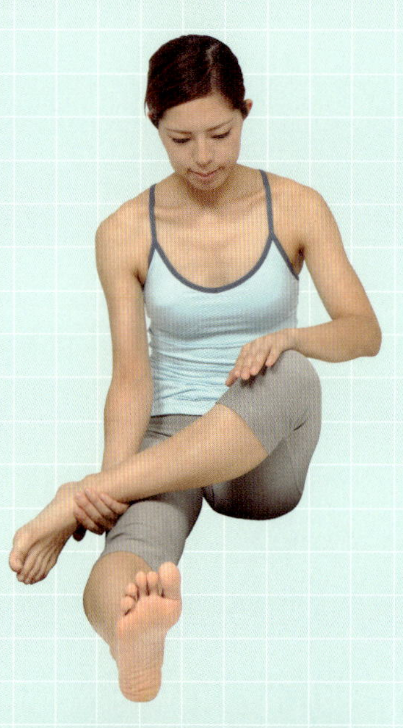

❶座って足を組み上側の脚を持つ

座位で片脚を伸ばし、もう片方の脚を上から組んでヒザを曲げる。上側の脚の外くるぶしあたりを下から持って固定し、もう片方の手をヒザの内側に当てる。

NG

お尻が浮いて骨盤が傾く

脚をひねったときにお尻が浮くと、骨盤が傾いて股関節内旋筋群が伸びなくなる。

POINT

ひねる側の脚を手で固定する

ひねる脚を反対の脚の太ももに乗せ、下から手を入れて外くるぶしあたりを持つと、脚が動かないように固定できる。

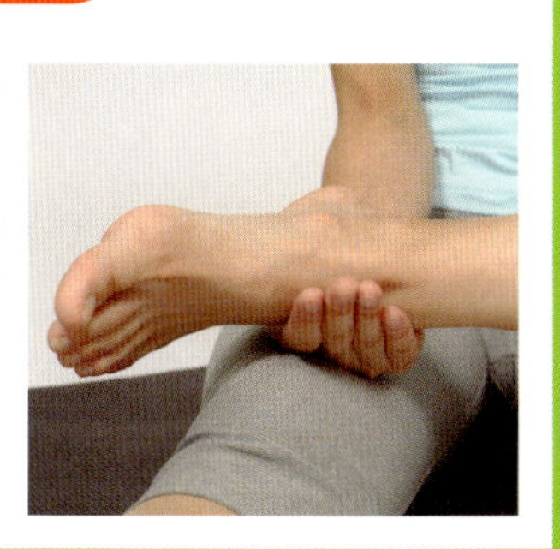

バリエーション

足先をイスに乗せて内旋筋群を伸ばす

イスを使って伸ばす方法。座って行うより、伸ばす強度は弱くなるものの、立ったまま手軽にできるのが長所。

①ひねる脚の足先をイスの座面に乗せる

片手でイスをつかんで立ち、ひねる側の脚の足先を座面に乗せる。もう片方の手はひねる脚のヒザに当てる。

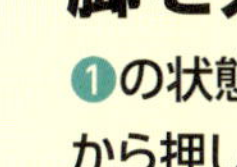

②手でヒザを押して脚を外側にひねる

①の状態から、ひねる脚のヒザを上から押して、脚の付け根から外側にひねっていく。

Column

お尻の大殿筋と片脚種目

大殿筋の上部と下部は別々の種目で刺激する

お尻の大殿筋は、股関節の多方向の動きを主働筋として担う重要な筋肉。また、人体で最も体積が大きい筋肉であり、部位によって働きも異なるため、ひとつの種目だけで大殿筋全体を刺激することは難しいといえるでしょう。

大殿筋の上部と下部では、筋トレもストレッチもそれぞれ別々の種目を取り入れることが理想的。特に、筋トレの場合は、鍛えにくい大殿筋上部を強く刺激できる「片脚種目」を取り入れることがポイントとなります。

両脚で行うスクワット（↓P．82）は、ややガニ股で行うため、起き上がる局面では、股関節が両ヒザを内側へ閉じる内転動作をともないながら伸展します。スクワットでは股関節伸展の主働筋である大殿筋下部は刺激できても、大殿筋上部は刺激できません。

それに対し、バックランジ（↓P．86）やウォーキングランジ（↓P．87）、ブルガリアンスクワット（↓P．88）といった片脚種目は、前脚をやや外方向に蹴り出して起き上がるため、股関節が外転および外旋をともなって伸展します。大殿筋上部は股関節外転や股関節外旋の動きに働くため、片脚種目でなければ刺激することが難しいというわけです。

バックランジ（片脚種目）

片足を前方に大きく踏み出す通常のランジより、片足を後方に大きく引くバックランジのほうが、大殿筋上部へのストレッチ効果が高い。

スクワット（両脚種目）

スクワットは、ゆっくり深くしゃがみ込む局面において、大殿筋下部が力を入れたまま伸ばされるエキセントリック筋活動が行われる。

第4章

筋トレ＋ストレッチ ヒザ関節＆足関節

単関節筋と二関節筋が混在するヒザ関節と足関節は、ターゲットとなる筋肉を意識した動きが重要となります。
筋トレ種目は10回が限界となる負荷で3セット。
ストレッチ種目は15～30秒間伸ばすのが目安。
片脚ずつ行う種目は左右とも実施しましょう。

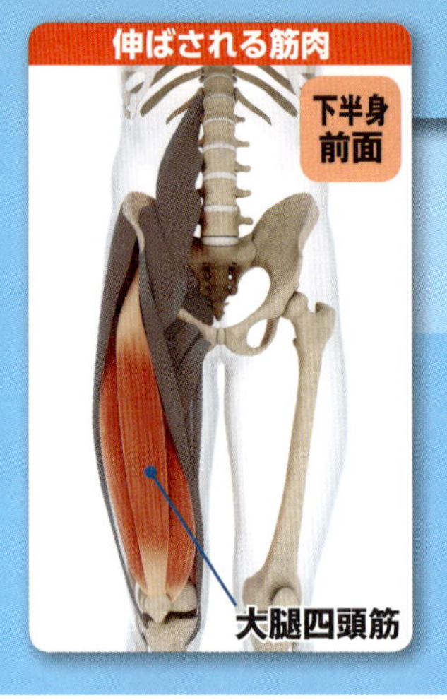

大腿四頭筋

太もも前面の筋トレ

大腿四頭筋を強く伸ばすシシースクワット

ヒザを曲げながら腰を前方に突き出す動きで、ヒザを伸ばす働きのある大腿四頭筋を強く伸ばせる筋トレ種目。ヒザ関節と股関節をまたぐ二関節筋である大腿直筋もフルストレッチできる。

❶立った状態で柱につかまり背すじを伸ばす

立った状態で柱やポールに片手でつかまり、背すじを伸ばす。もう片方の手は腰に当てる。足幅はだいたい腰幅程度。

ストレッチポジション

❷ヒザを曲げながら腰を突き出す

腰を前方へ突き出しながらヒザを曲げることで、太もも前面の大腿四頭筋が体重を支えながら強く伸ばされる。

❷上体の前傾を抑えてしゃがみ込む

背すじを伸ばしたまま、上体の前傾を抑えてしゃがみ込む。太ももが水平になるまで沈むのが目安。上体が前傾するとお尻の大殿筋の負荷が高まるので注意。

❶背すじを伸ばし足を肩幅に開く

背すじを伸ばして立ち、足を肩幅程度に開いてヒザを軽く曲げる。両手は胸の前で組むか、耳の後ろ付近に添える。

バリエーション

上体の前傾を抑えたスクワット

大腿四頭筋がターゲットのスクワット。しゃがみ込むとき、上体の前傾を抑え、つま先よりヒザが少し前へ出るようにしゃがむことで、太もも前面に負荷が集まる。

POINT

股関節を伸ばしたままヒザを曲げる

上体を後傾し、股関節を伸ばしたままヒザを曲げることで、太もも前面をしっかり伸ばすことができる。

NG

後傾が小さい

ヒザを曲げても後傾が小さいと、太もも前面のストレッチが弱くなり、ヒザを痛める危険もある。

❸ヒザを伸ばし起き上がる

ヒザを伸ばして上体を起こしながら、起き上がる。

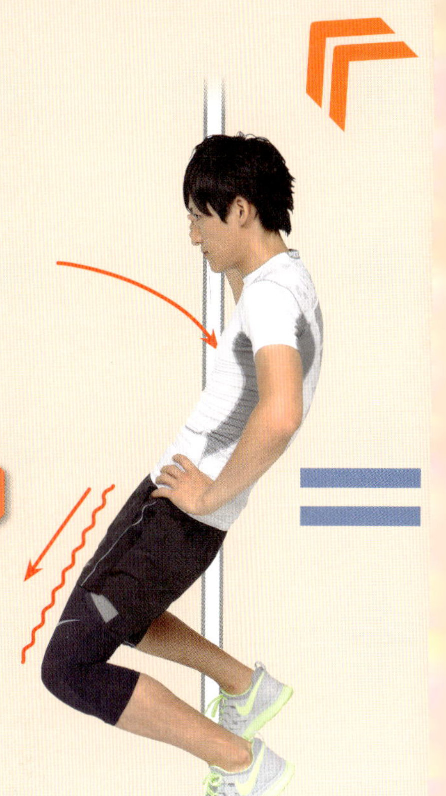

腰を前方に突き出し、体全体を後傾させてヒザを曲げていくと、太もも前面の大腿四頭筋が伸びる。

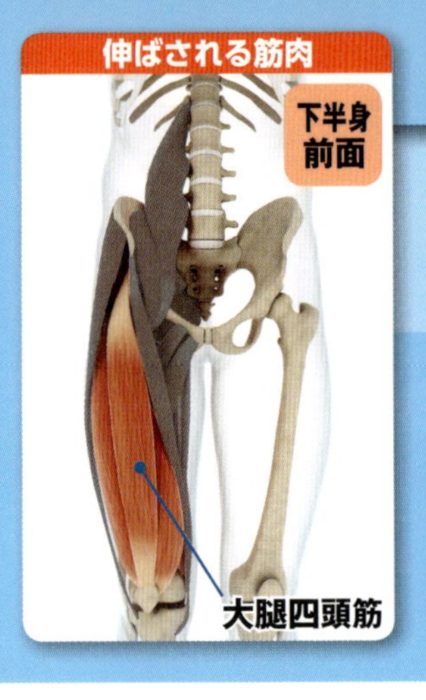

大腿四頭筋

太もも前面のストレッチ

股関節とヒザ関節を動かし大腿四頭筋を伸ばす

ヒザを曲げながら太ももを後方に振る動きで、ヒザを伸ばす働きのある大腿四頭筋を伸ばす。股関節も動かすことで、ヒザ関節と股関節をまたぐ二関節筋である大腿直筋もストレッチできる。

❶壁に手を付き片脚を曲げてつま先を持つ

立位で壁に手を付き、背すじを伸ばす。そこから片脚のヒザを曲げてつま先をつかむ。壁の代わりに柱をつかんだり、机や台に手をおいてもOK。

❷つま先を引いて太ももを後方に振っていく

背すじを伸ばしたまま、つま先をお尻のほうへ引き寄せながら、太ももを後方に振る。ヒザだけでなく股関節も動かす。

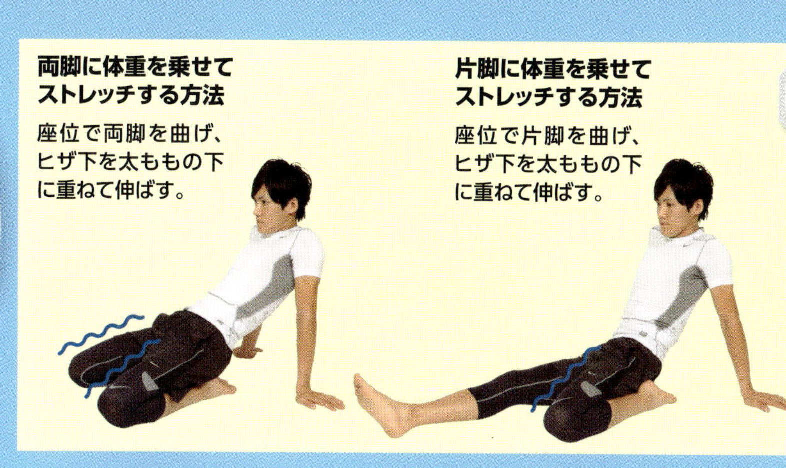

両脚に体重を乗せてストレッチする方法

座位で両脚を曲げ、ヒザ下を太ももの下に重ねて伸ばす。

片脚に体重を乗せてストレッチする方法

座位で片脚を曲げ、ヒザ下を太ももの下に重ねて伸ばす。

バリエーション❷

脚に体重をかけて大腿四頭筋をストレッチ

脚に体重を乗せて太もも前面を伸ばすバリエーション。ある程度柔らかい人向け。ヒザ下が太ももより外側に出ると、ヒザの靭帯を痛める危険があるのでNG。

POINT

ヒザ関節とともに股関節も動かす

ヒザ関節と股関節が連動することで大腿直筋も伸びる。

NG

足首をつかむ

つま先ではなく、足首や足の甲を持つと、テコのレバーが短くなり、太もも前面が強く伸ばせない。

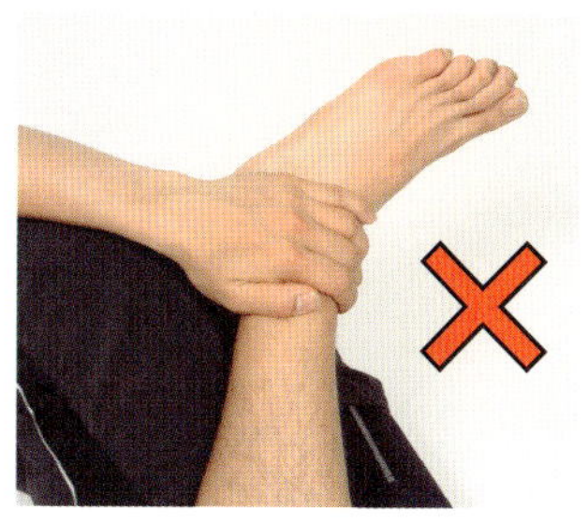

バリエーション

寝てリラックスした状態で大腿四頭筋を伸ばす

横向きに寝た状態で太もも前面をストレッチする方法。寝て行うことで上体が安定するため、脱力した状態で、太もも前面を伸ばす動きに集中できる。

❶寝て片脚を曲げつま先を持つ

横向きに寝て、上側の脚を曲げてつま先を持つ。

❷つま先を引き太ももを振る

つま先を引き、太ももを後方に振っていく。

伸ばされる筋肉

下半身後面

ハムストリング

ハムストリング

太もも裏の筋トレ

ハムストリングを伸ばすヒップリフト

仰向けでお尻を持ち上げ、ヒザを曲げる働きと太ももを後方に振る働きを併せもつ太もも裏のハムストリングを鍛える種目。ハムストリングの筋群はすべてヒザ関節と股関節をまたぐ二関節筋。

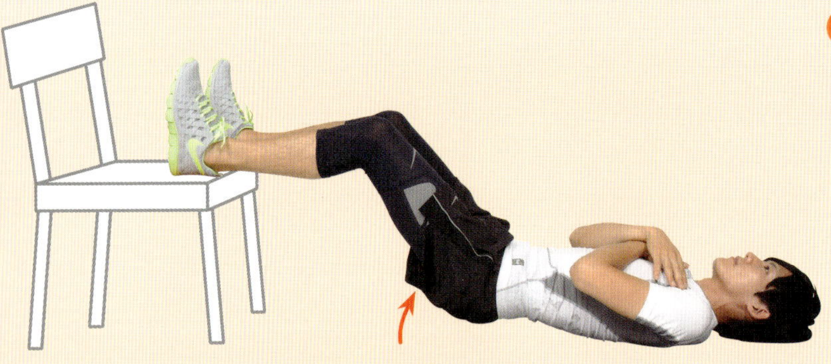

❶イスや台にカカトをかけお尻を浮かす

仰向けでイスや台に両足のカカトの乗せ、カカトを支点にお尻を持ち上げて浮かす。両手は胸の前で組む。

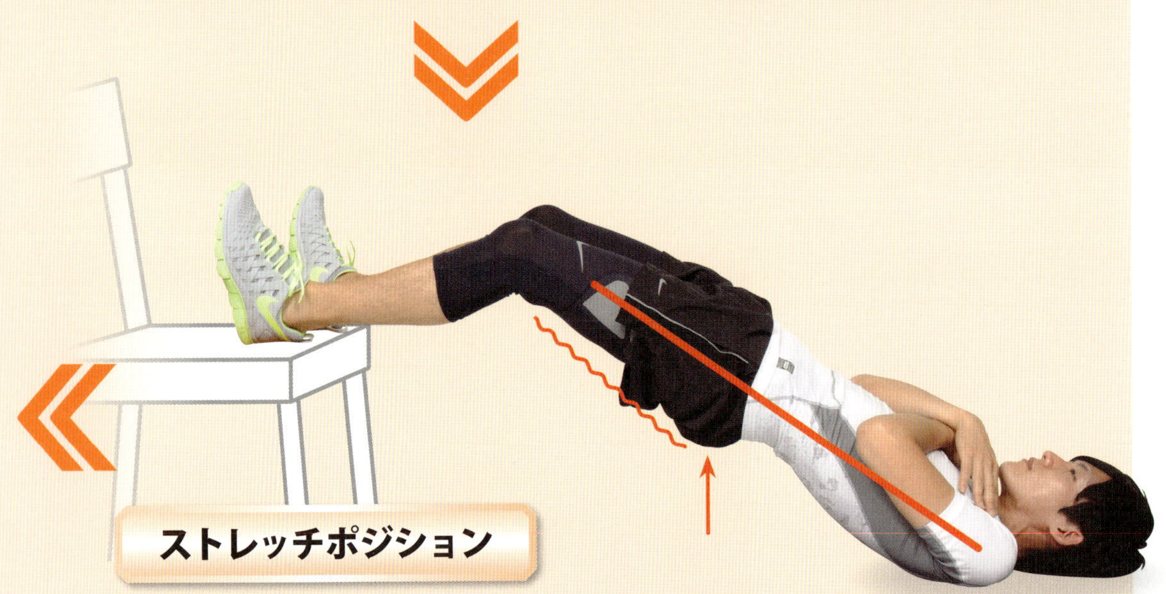

ストレッチポジション

❷股関節を伸展してお尻を持ち上げる

脚の付け根の股関節を支点に、脚を後方に振りながらお尻を持ち上げる。ヒザ関節は角度を固定したまま曲げる力を発揮しているため、ハムストリングが強く動員される。

イスに片足をかけ、上体が一直線になるまでお尻を高く持ち上げる。

バリエーション

負荷を高める片足ヒップリフト

片足で行うことによって負荷を高めるヒップリフト。トレーニングとしての負荷が高いため、中・上級者向け。フォームの基本は両脚で行う場合と同じ。

NG

股関節が伸展しない

お尻が上がらず、股関節伸展の稼働範囲が小さい動きでは、ハムストリングが十分に鍛えられない。

NG

お尻が床に付く

高く上げたお尻を下ろすとき、お尻を床に付けると、ハムストリングへの負荷が抜けてしまうので注意。

バリエーション❷

ハムストリングのヒザ側を鍛える

ヒザを曲げる動きを強調してお尻を持ち上げるバリエーション。ハムストリングの特に膝側部分がメインで使われる。

❸お尻を下ろして❶へと戻る

高く持ち上げたお尻を、下ろして❶へと戻る。お尻は床に付けない。

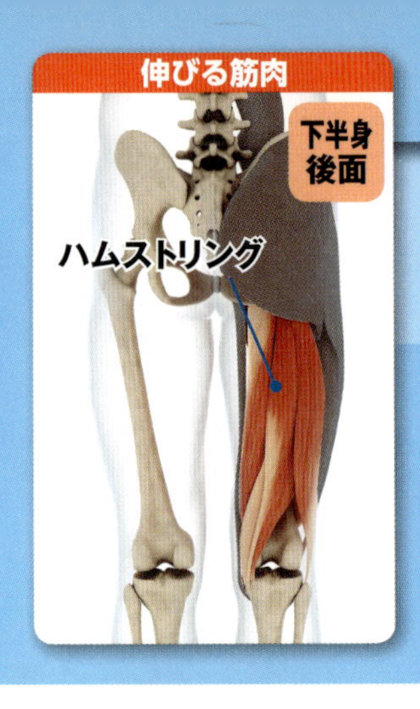

太もも裏のストレッチ

太もも裏のハムストリングを伸ばす

ヒザを伸ばしたまま上体を倒す動きで、ヒザを曲げる働きと太ももを後方に振る働きを併せもつハムストリングを伸ばす種目。太もも裏は硬くなりやすい部位なのでストレッチ効果を感じやすい。

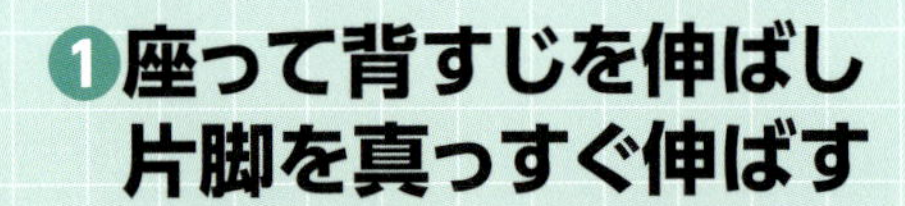

❶座って背すじを伸ばし片脚を真っすぐ伸ばす

座って片脚を真っすぐ伸ばす。もう片方の脚はあぐらをかくように曲げてバランスを取る。そこから胸を張って背すじを伸ばす。

❷背すじを伸ばしたまま股関節から上体を倒す

背すじを伸ばしたまま、脚の付け根から上体を倒す。可能な範囲で倒せばOK。両手でヒザが曲がらないように上から押さえる。

❷脚の付け根から上体を前に倒す

ヒザが曲がらないように押さえ、股関節から上体を倒す。

❶座って両脚を揃え背すじを伸ばす

座位で両脚を伸ばして揃え、胸を張って背すじを伸ばす。

バリエーション

両脚の太もも裏を同時に伸ばす方法

両脚の太もも裏を一緒に伸ばすバリエーション。ある程度柔らかい人向け。両脚を揃えて座り、背すじを伸ばしたまま、脚の付けから上体を可能な範囲で倒していく。

NG

足首を返す

足首を返すと、坐骨神経が引っ張られて痛みが走り、ハムストリングをしっかり伸ばせなくなる。

バリエーション❷

立位で太もも裏をストレッチする方法

いわゆる立位体前屈。足幅を狭くして立ち、背すじを伸ばしたまま、脚の付け根から上体を倒していく。

硬い人向け

伸ばした背すじを緩めて太もも裏の緊張を和らげる

太もも裏が硬くて、右ページ❶のフォームも実践するのが難しいという人は、❶のフォームから背すじを軽く丸めると、太もも裏のストレッチする姿勢が作りやすい。脚の付け根から上体を倒す意識で行う。

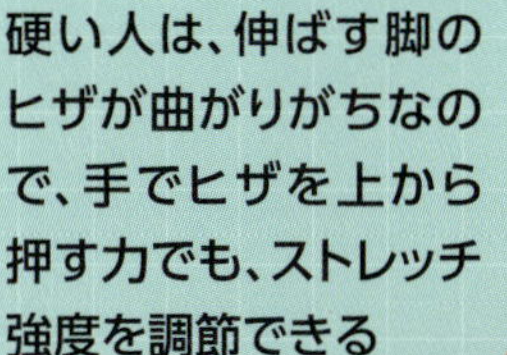

硬い人は、伸ばす脚のヒザが曲がりがちなので、手でヒザを上から押す力でも、ストレッチ強度を調節できる

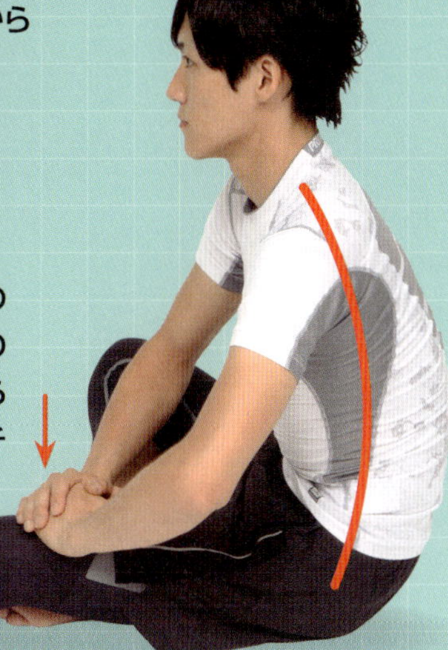

伸ばされる筋肉

腓腹筋
ヒラメ筋
ふくらはぎ 後面

腓腹筋　ヒラメ筋

ふくらはぎの筋トレ

足首の動きで体を持ち上げる片足カーフレイズ

足首（足関節）を曲げてつま先立ちになる動きで、足首を伸ばす働きのある腓腹筋・ヒラメ筋を鍛える。台に乗ることで、ふくらはぎの筋群がエキセントリック筋活動で体重を支えながら伸ばされる。

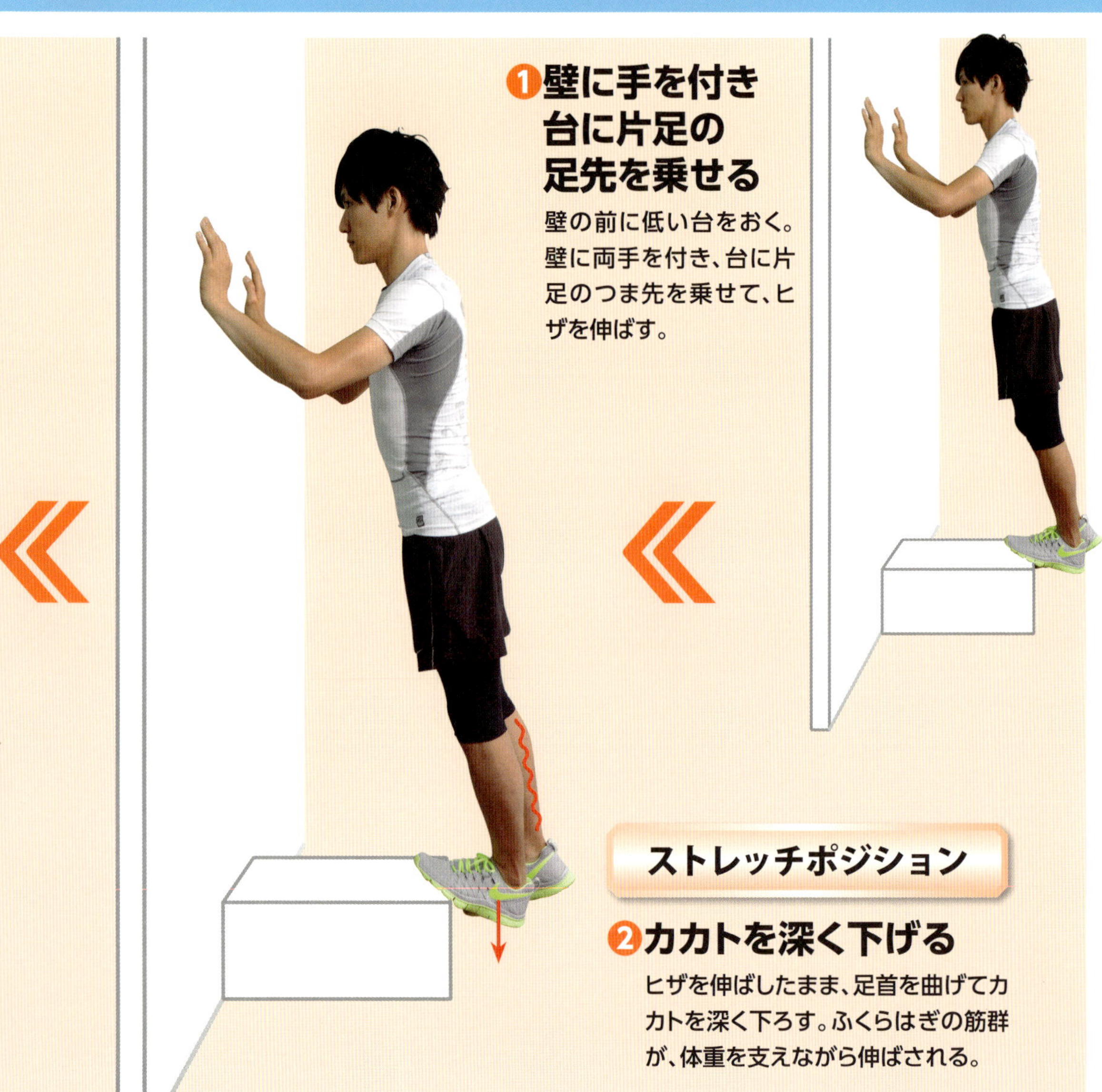

❶壁に手を付き台に片足の足先を乗せる

壁の前に低い台をおく。壁に両手を付き、台に片足のつま先を乗せて、ヒザを伸ばす。

ストレッチポジション

❷カカトを深く下げる

ヒザを伸ばしたまま、足首を曲げてカカトを深く下ろす。ふくらはぎの筋群が、体重を支えながら伸ばされる。

❷足首を伸ばしてつま先立ちに

足首を伸ばし、つま先立ちになるまで体を持ち上げる。

❶両足で台に乗りカカトを下ろす

壁に両手を付き、台に両足のつま先を乗せる。そこからヒザを伸ばしたまま、カカトを深く下ろす。

バリエーション

負荷が軽くなる両足のカーフレイズ

両足で行うことによって負荷を低くするカーフレイズ。フォームの基本は片足で行う場合と同じ。カカトを下ろしたときに、カカトが床に付かない高さの台を使う。

POINT

体のバランスを安定させて行う

壁に手を付き、動かない台に乗ることで、体のバランスが安定し、足首の動きに集中できる。

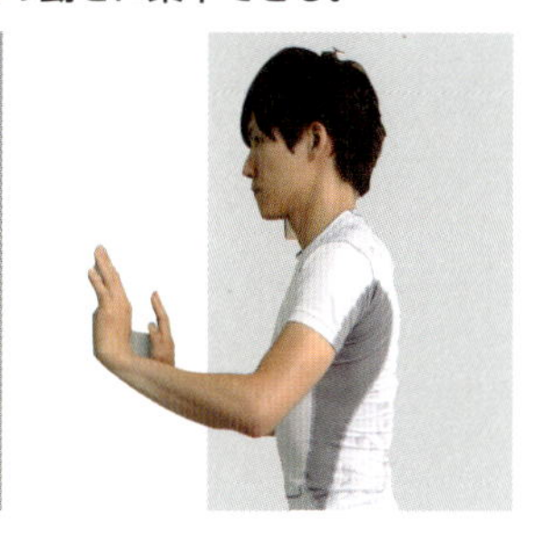

NG

ヒザが曲がる

ヒザが曲がると、足関節とヒザ関節をまたぐ二関節筋の腓腹筋が緩み、腓腹筋が十分に鍛えられない。

❸足首を伸ばし体を持ち上げつま先立ちに

❷の状態から、つま先立ちになるまで足首を伸ばして、体を持ち上げる。ヒザを伸ばしたまま足首の動きだけで体を持ち上げる。

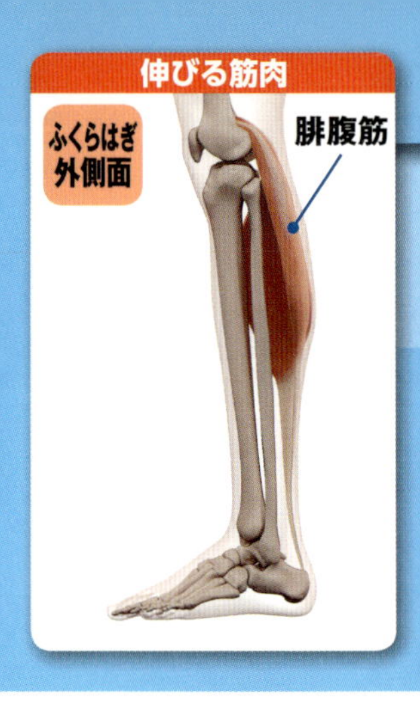

腓腹筋

ふくらはぎ(上部)のストレッチ

つりやすいふくらはぎの上部を伸ばす

足首(足関節)を曲げながらヒザを伸ばす動きで、ふくらはぎ上部の腓腹筋を伸ばす種目。腓腹筋は足関節とヒザ関節をまたぐ二関節筋であるため、足首とヒザを連動させて両端から引き伸ばす。

❶四つんばいで片足を上げヒザに当てる

四つんばいの状態で片足を上げ、もう片方の脚のヒザに足裏を当てる。足裏の土ふまずをヒザの皿に当てるイメージ。

❷カカトを床に付けたまま足裏でヒザを押し伸ばす

軸足のカカトを床へ押し付けるようにして足首を曲げ、カカトを床に付けたまま、足裏で押してヒザを伸ばしていく。

後ろ脚のヒザを伸ばしたまま壁を押すことで、押す力の反作用が後ろ足に伝わる。

バリエーション

壁を押す力を使って腓腹筋を伸ばす

壁を押す力の反作用を使って腓腹筋を伸ばすバリエーション。壁の前に立って足を前後に開き、壁を押しながら、ヒザを伸ばした後ろ足のカカトを床に押し付ける。

POINT

足首を曲げながらヒザを伸ばす

足首(足関節)を曲げながらヒザ関節を伸ばすことで、二関節筋である腓腹筋を両端から伸ばす。

NG

カカトが浮き上がる

足裏でヒザを押したときにカカトが浮いてしまうと、二関節筋の腓腹筋はしっかり伸ばせない。

硬い人向け

立ったまま手軽に腓腹筋を伸ばす方法

ふくらはぎ上部を伸ばす最も手軽な方法。腓腹筋のストレッチ強度はやや弱くなるものの、立ったままできるため、場所を選ばすに行えるのがこの方法の長所。

立ったまま足を前後に開き、ヒザを伸ばした後ろ足のカカトを、床へ押し付けるようにして足首を曲げ、ふくらはぎ上部を伸ばしていく。

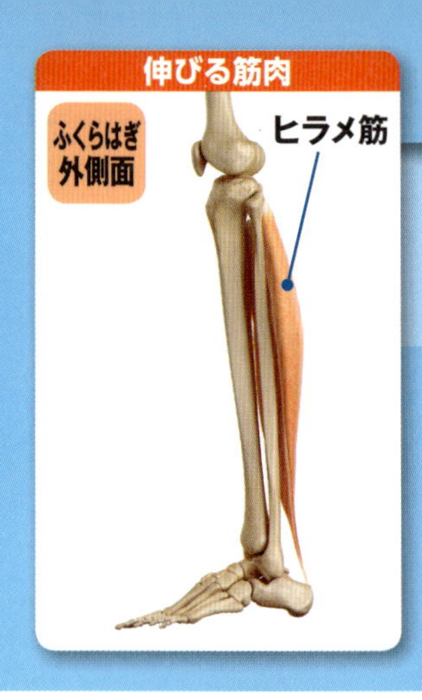

ヒラメ筋

ふくらはぎ（下部）のストレッチ

ふくらはぎ下部にあるヒラメ筋を伸ばす

体重をかけて足首（足関節）を曲げる動きで、ふくらはぎ下部のヒラメ筋を伸ばす。ヒラメ筋は足関節だけをまたぐ単関節筋。腓腹筋の深部にあり、腓腹筋とともに足首を伸ばす動きに働く。

❶しゃがんで片ヒザを立て両手を乗せる

しゃがんだ状態で片ヒザを立て、両手をクロスして乗せる。両手は太もものヒザに近い部分に乗せると体重をかけやすい。

❷カカトを床に付けたまま足裏でヒザを押し伸ばす

クロスした両手に体重をかけて足首を曲げ、ふくらはぎ下部のヒラメ筋を伸ばす。手で押すのではなく、腕と上体を密着させて、体重をかけて足首を曲げていく。

NG

手と上体が離れている

両手と上体が密着せずに離れていると、脚に体重をしっかりかけることができなくなるため、強く伸ばせない。

POINT

両手を太もものヒザ寄りにおく

両手は太もものヒザに近い部分に乗せると、テコのレバーが長くなるため、体重をかけて強い力で足首を曲げられる。

NG

手を乗せる位置が低く脚に体重が乗らない

クロスした両手を乗せる位置が低いと、テコのレバーが短くなるため、ヒラメ筋を強く伸ばせない。

NG

カカトが浮き上がる

足首を曲げるときにカカトが浮くと、足首の曲がりが小さくなり、ヒラメ筋が伸びなくなる。

硬い人向け

カカトを床に押し付ける

ふくらはぎが硬い人は、右ページ①の状態から、カカトを床に押し付けるだけでOK。そこから可能な範囲で伸ばす脚に体重をかけてみよう。

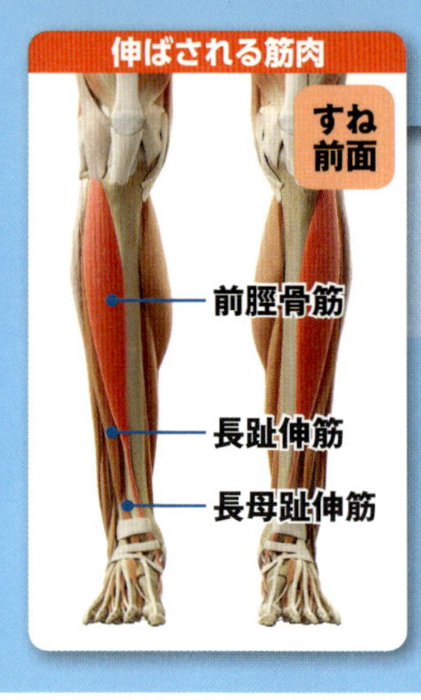

前脛骨筋 長趾伸筋 長母趾伸筋 など

すねまわりの筋トレ

徒手抵抗で足首を曲げる筋群を鍛える

手でつま先を引く徒手抵抗で、足首を曲げてつま先を上方へ振る働きのあるすねまわりの筋群を鍛える。徒手抵抗で負荷をかけ続け、エキセントリック筋活動しながら足首を伸ばす。

❶つま先を引いて足首を伸ばしその力に抵抗する

イスに座って足を組む。組んだ足のつま先を引いて足首を伸ばし、その力に足首の力で抵抗する。もう片方の手は組んだ足を押さえて固定する。

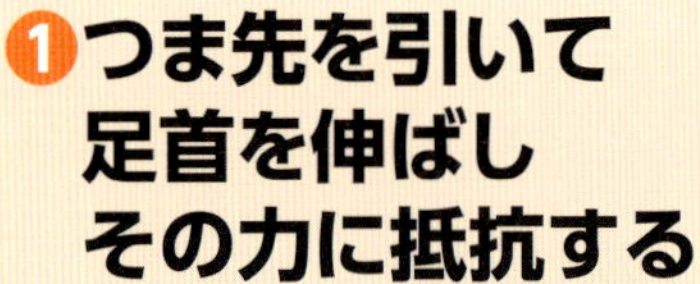

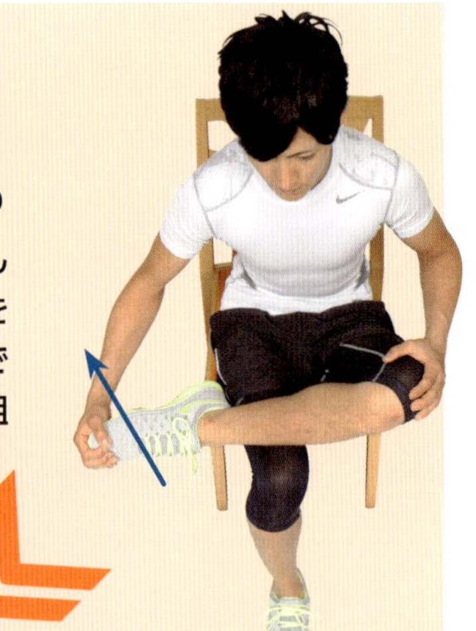

❷つま先を引く力に抵抗して足首を曲げる

手でつま先を引く力に、すねまわりの筋群の力で抵抗しながら足首を曲げる。

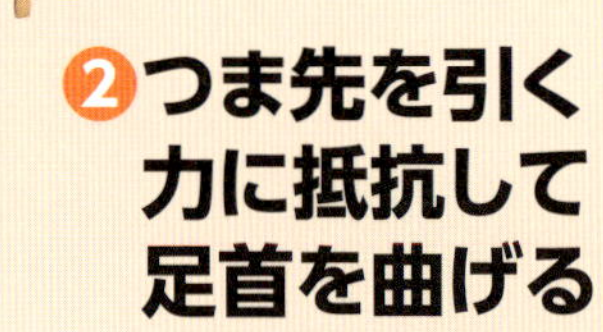

❸つま先を引いて抵抗を加え続け足首を伸ばす

足首を曲げても、手でつま先を引いて負荷をかけ続け、足首を伸ばしていく。すねまわりの筋群が力を発揮しながら伸ばされるエキセントリック筋活動の途中段階。

※青矢印は手の力（徒手抵抗）が働いている方向

**❷カカトを支点にして
つま先を上方に振る**

カカトを支点に足首を曲げて、つま先を上方に振る。

バリエーション

ダンベルで負荷をかける片足トウレイズ

カカトを支点に足首を曲げる動きで、すねまわりの筋群を鍛えるバリエーション種目。ダンベルの重さを負荷にする。すねまわりの筋群はあまり強く伸ばせない。

**❶片足のカカトを
低い台に乗せて
ダンベルを
ヒザの上におく**

イスに座り、鍛える脚のカカトを低めの台に乗せる。そこからダンベルを持ってヒザの上に乗せ、つま先を下げる。このときつま先が床に付く場合は、もう少し高い台に代える。

ストレッチポジション

❹手で引く力に抵抗しながら足首が伸ばされる

❷から❹への局面でエキセントリック筋活動が行われる。手でつま先を引く力に、足首を曲げる動きで抵抗しながら、足首が伸ばされる。

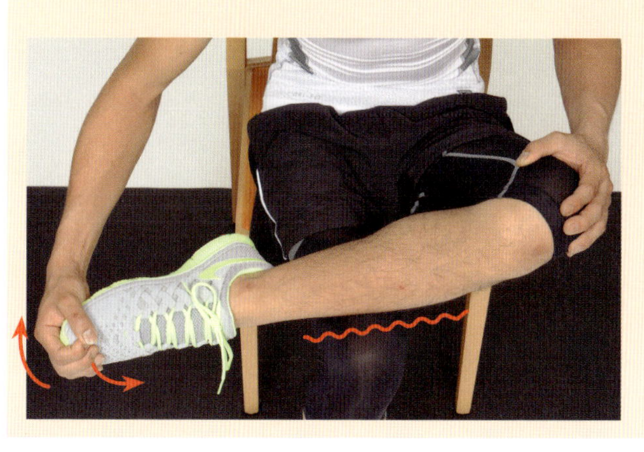

伸びる筋肉

すね前面

前脛骨筋
長趾伸筋
長母趾伸筋

前脛骨筋　長趾伸筋　長母趾伸筋　ほか

すねまわりのストレッチ

すねまわりやすね前面の筋群を伸ばす

足首を伸ばしながら足指を折り曲げる動きで、すねまわりの筋群を伸ばす。バリエーション種目では、すねから足指の指先まで走行し、足関節（足首）と足指の関節をまたぐ多関節筋を伸ばす。

❶立位で片足を後方に曲げて指先を床におく

立位で片足のヒザを後方に曲げて、指先を床におく。両手は腰に当てる。指先が痛ければタオルや座布団などを敷く。

❷足の指先を丸め指の付け根を床に押し付ける

床においた足の指先を丸め、体重をかけて指の付け根を床に押し付ける。足の甲を裏返して下に向けるイメージで足首も伸ばしていく。

足指を付け根から丸め込むように折り曲げながら、足首をしっかり伸ばしていく

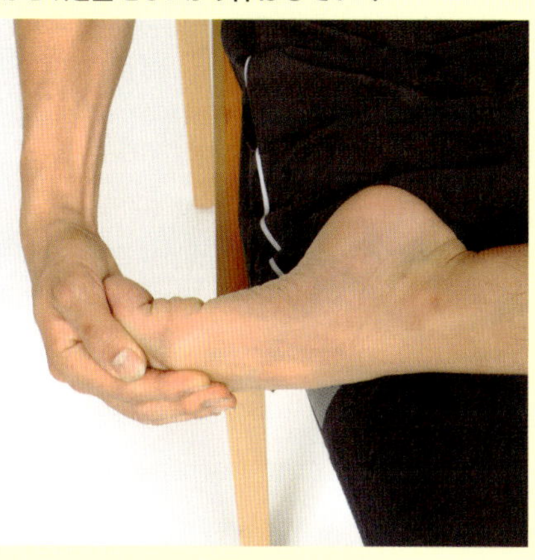

バリエーション

足指を折り曲げながら足首を伸ばす

イスに座って、すねまわりの筋群を伸ばすバリエーション。足を組み、組んだ足の5本指を折り曲げていく。空いている手で伸ばす脚を押さえて固定して行う。

足首を伸ばしながら、足先は親指のみを付け根から折り曲げていく

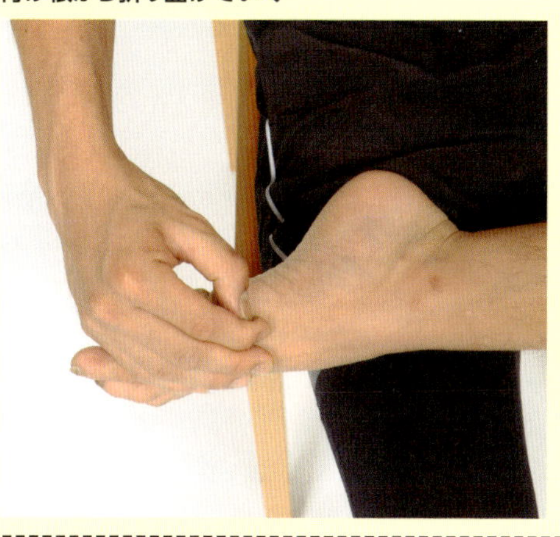

バリエーション❷

足の親指のみを折り曲げて伸ばす

親指だけを折り曲げるバリエーション。足の親指を伸ばす働きがあり、すねから親指につながっている長母趾伸筋を集中的にストレッチできる。

足首を伸ばしながら、足先は親指を除く4本指を付け根から折り曲げていく

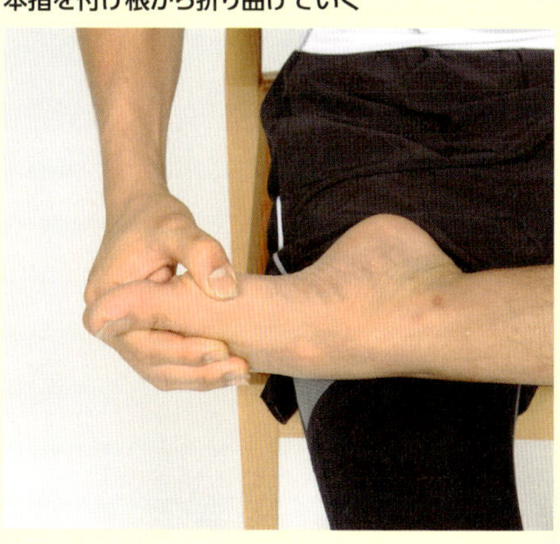

バリエーション❸

親指を除く4本指を折り曲げて伸ばす

人差し指から小指の4本指を折り曲げるバリエーション。親指を除く4本指を伸ばす働きがあり、すねから足指につながる長趾伸筋を集中的に伸ばせる。

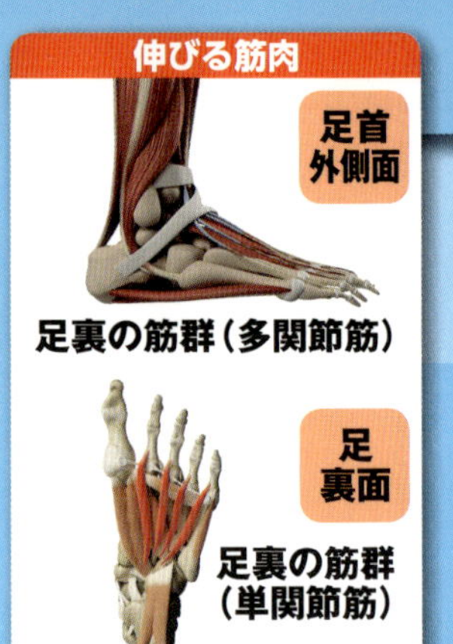

足裏の筋群

足裏のストレッチ

ふくらはぎの深部筋や足裏の筋群を伸ばす

足裏には、足関節（足首）だけでなく、足関節と足指の関節をまたぐ多関節筋が集まっているため、伸ばし方が異なる複数の種目で、足裏の筋群をまんべんなくストレッチしていく。

足首をしっかり曲げた状態で、足指を付け根から反らせることによって、足裏の二関節筋が両端から強く引っ張られる

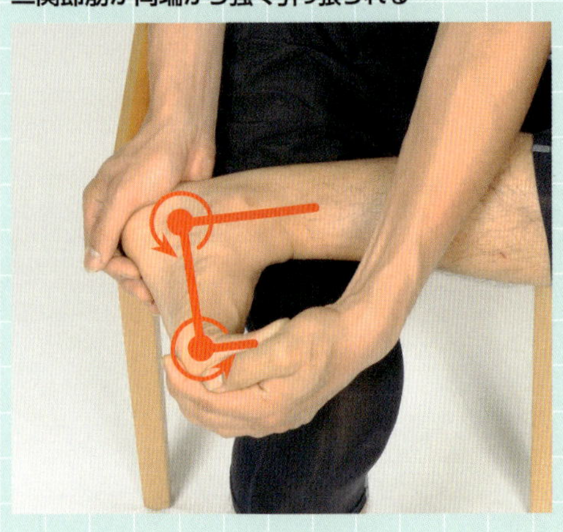

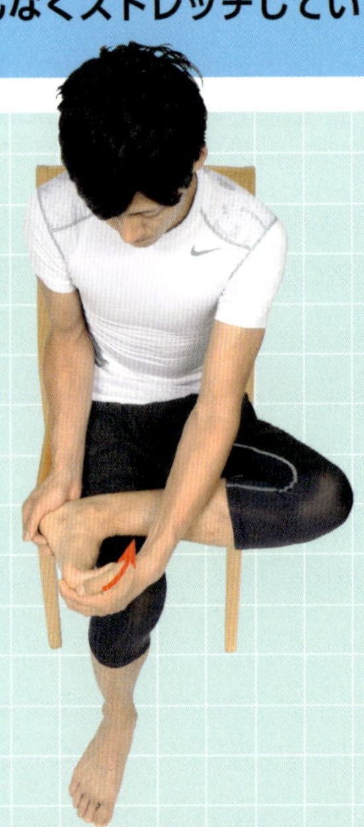

足首と足指を同時に動かし二関節筋を伸ばす方法

足首を曲げながら足指を反らせる動きで、足関節と足指の関節をまたぐ足裏の二関節筋をストレッチする。イスに座って足を組んで行う。

足首を伸ばして二関節筋を緩めることによって、足裏の単関節筋を集中的に伸ばすことができる

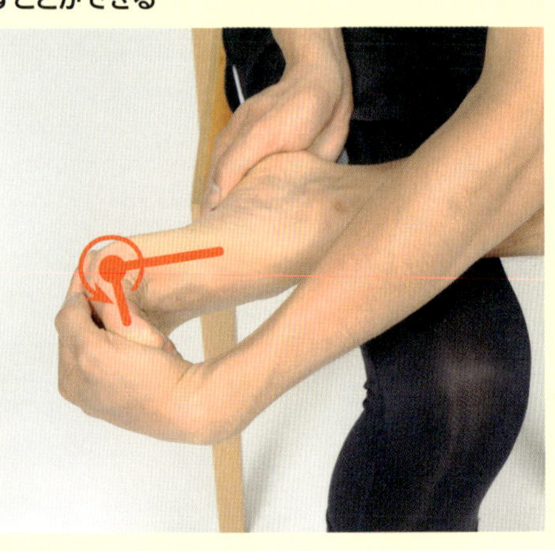

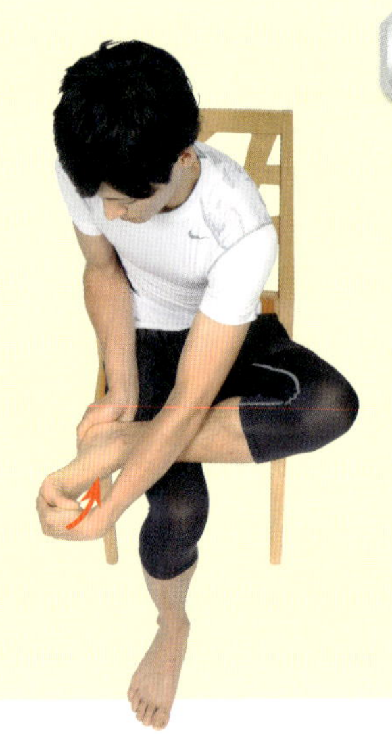

バリエーション

足指だけを反らせて単関節筋を伸ばす方法

足首を伸ばした状態で足指を反らせて、足指の関節のみをまたぐ足裏の単関節筋をストレッチする。

左右の手で足の親指と小指をつかみ、それぞれ外側に引っ張って、足指の間隔を開いていく

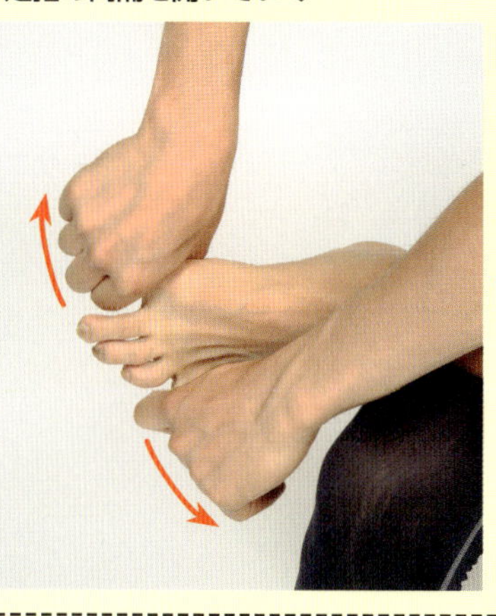

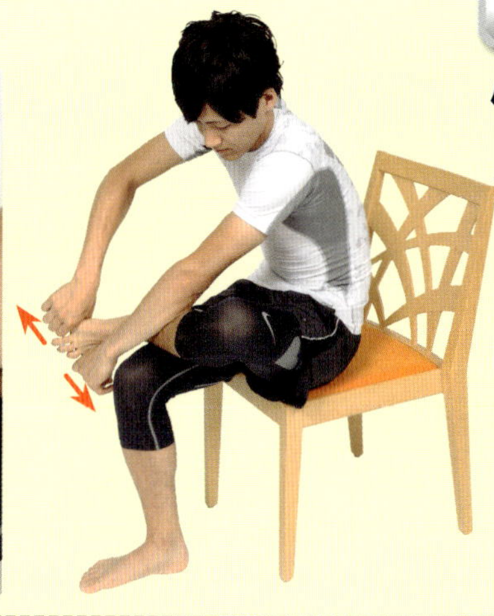

バリエーション❷

小指と親指を左右に広げて足指の内転筋群を伸ばす

足の親指と小指をつかみ、それぞれ外側に開いて足指の間隔を広げるバリエーション。足指を内側に閉じる働きのある筋群を伸ばす。

親指のみを反らせることで、足の親指を曲げる働きのある長母趾屈筋や短母趾屈筋を集中的にストレッチできる

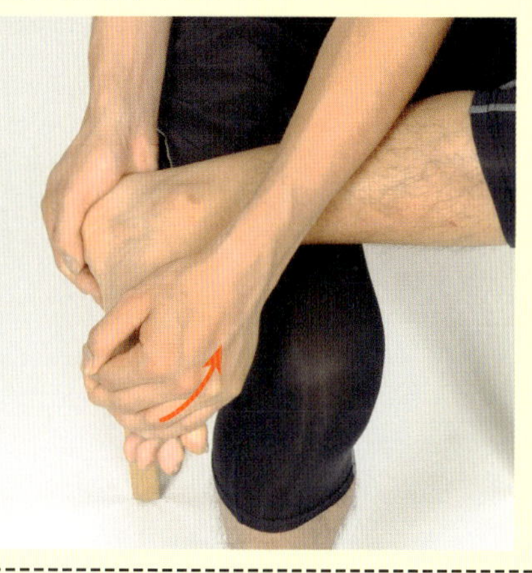

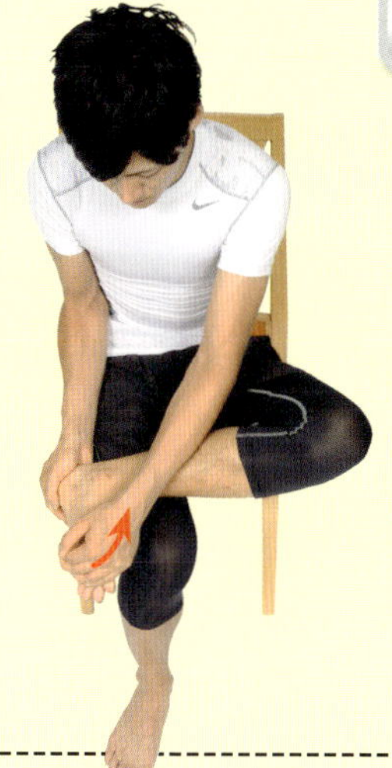

バリエーション❸

足の親指だけを反らせて母指屈曲筋群を伸ばす

親指だけを反らせるバリエーション。足の親指を曲げる筋群をストレッチできる。足首を曲げた状態と伸ばした状態の両方で実施すると、より多くの筋肉を伸ばせる。

親指を除く4本指を反らせることで、4本指を曲げる働きのある長趾屈筋などを集中的に伸ばせる

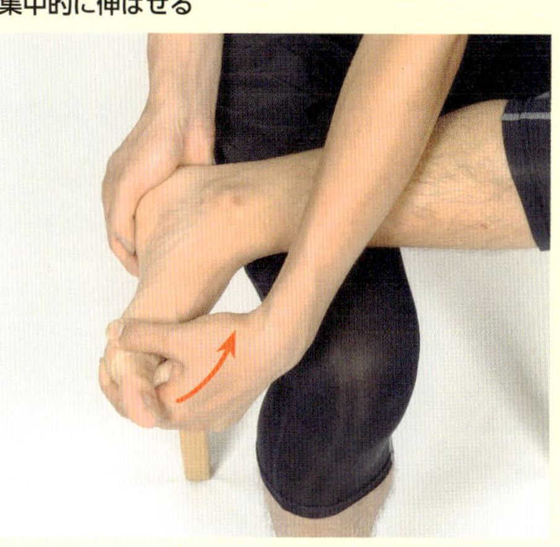

バリエーション❹

親指を除く4本指を反らせて足指の屈曲筋群を伸ばす

足の人差し指から小指の4本指を反らせて、4本指を曲げる筋群をストレッチする。足首を曲げた状態と伸ばした状態の両方で実施すると、より多くの筋肉を伸ばせる。

Column

二関節筋の伸ばし方

2つの関節を動かして筋肉を両端から伸ばす

P.43でも解説しましたが、筋肉には2つの関節をまたぐ「二関節筋」が存在します。二関節筋は、筋肉の両端がそれぞれ異なる関節をまたいでいるため、片側からいくら伸ばしても、筋肉全体を伸ばすことはできません。2つの関節を動かし、筋肉を両端から伸ばしていく必要があります。

2つの関節を連動させて、筋肉の両端をより遠ざけることが強く伸ばすためのポイント。主な二関節筋の特徴を頭に入れておけば、筋トレもストレッチもより効果的に行うことが可能となります。

主な二関節筋(および三関節筋)

筋名	部位	またぐ関節
上腕二頭筋	上腕前面	肩関節・ヒジ関節
上腕三頭筋	上腕後面	肩関節・ヒジ関節
大腿直筋(大腿四頭筋)	太もも前面	股関節・ヒザ関節
薄筋	太もも内側	股関節・ヒザ関節
ハムストリング(大腿二頭筋・半膜様筋・半腱様筋)	太もも裏	股関節(※股関節伸展に作用)・ヒザ関節
腓腹筋	ふくらはぎ	ヒザ関節・足関節
浅指屈筋	前腕前面	ヒジ関節・手関節・手指の関節
総指伸筋	前腕後面	ヒジ関節・手関節・手指の関節

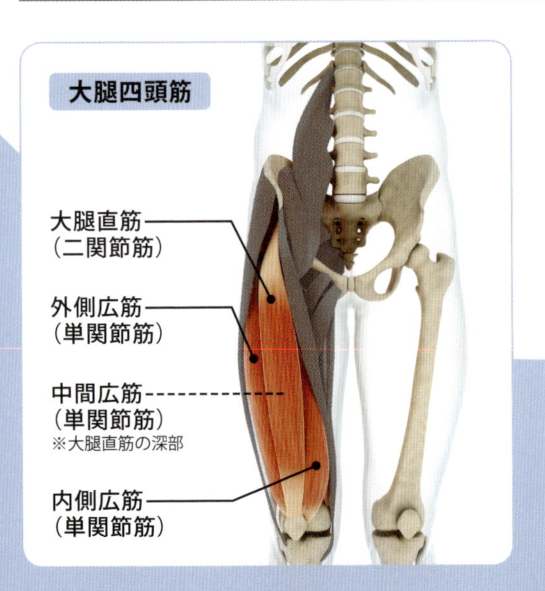

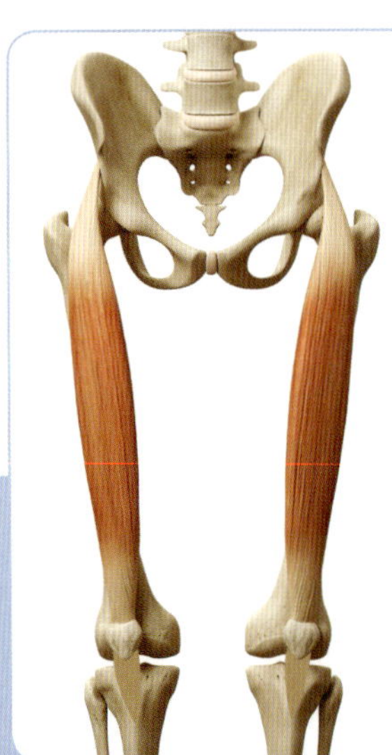

大腿直筋

太もも前面で“太もも”を形成する大腿四頭筋は、4つの筋肉の複合筋。広筋群がヒザ関節のみをまたぐ単関節筋であるのに対し、大腿直筋は股関節もまたぐ二関節筋であるため、大腿四頭筋をしっかり伸ばすには、ヒザ関節だけでなく、股関節も動かす必要がある。

第5章

筋トレ＋ストレッチ 肩関節

腕の多彩な動きを支えている肩関節は、
肩甲骨の動きも意識するのがポイント。
筋トレ種目は10回が限界となる負荷で3セット。
ストレッチ種目は15～30秒間伸ばすのが目安。
片側ずつ行う種目は左右とも実施しましょう。

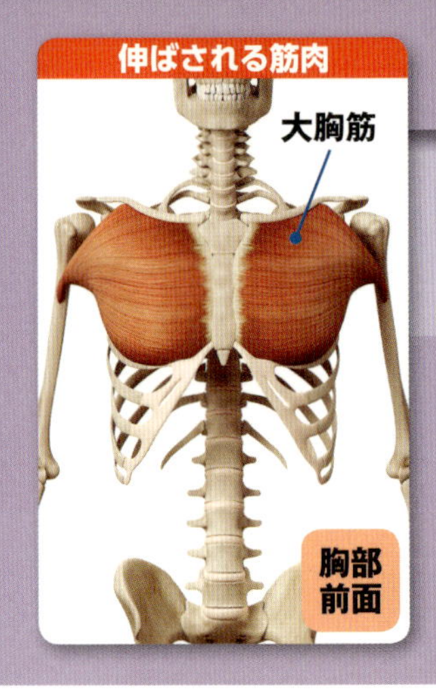

大胸筋

胸の筋トレ

胸の大胸筋を伸ばすワイドプッシュアップ

手幅を広くして行う腕立て伏せ。脇を開いたままヒジを曲げて上体を沈める局面において、腕を水平面で前方に振る働きのある大胸筋が、エキセントリック筋活動で上体を支えながら伸ばされる。

❶手幅を広くして体を一直線にする

手幅を肩幅の1.5倍程度に広げて腕立て伏せの体勢となり、頭から足先まで全身を一直線にする。

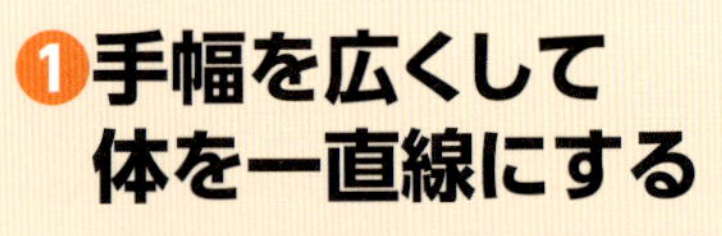

❷ヒジを曲げて上体を深く沈める

全身を一直線にしたまま、ヒジを曲げて上体を深く沈める。胸部が床に付くギリギリまで沈む。そこからヒジを伸ばして❶に戻る。

バリエーション❷

両ヒザを床に付いて負荷を下げる方法

筋トレ初心者は、両ヒザを床に付いて行うことにより、負荷を下げられる。動作の基本は同じ。

お尻が下がる

お尻が下がると上体を深く沈められず、両腕を開く稼働範囲が狭くなる。

バリエーション

大胸筋を強く伸ばす ダンベルフライ

両腕を水平面で後方に振る動きで、大胸筋をストレッチする筋トレ種目。フラットベンチや重ねた座布団、クッションの上で行うことで両腕を開く稼働範囲が広くなる。

❶手幅を広くして体を一直線にする

クッションの上で仰向けになる。手の平を向き合わせてダンベルを肩の上方にセットし、肩甲骨を寄せて胸を張る。

ストレッチポジション

❷両腕を伸ばしたまま左右に大きく開く

背すじとヒジを伸ばしたまま両腕を左右に開く。そこから両腕を閉じて❶に戻る。

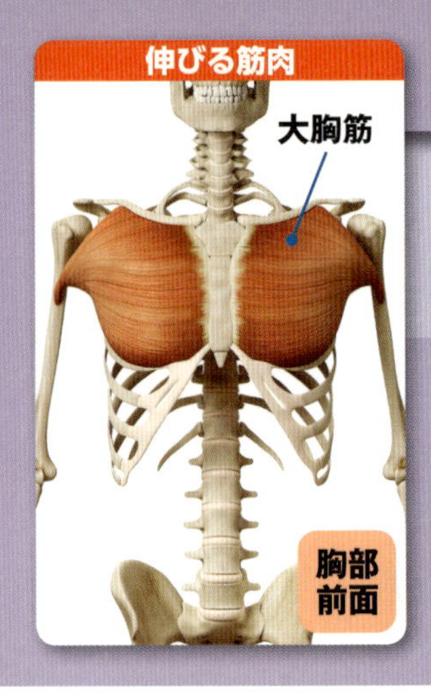

大胸筋

胸のストレッチ

腕を水平面で後方に振って大胸筋を伸ばす

上体を回して腕を水平面で後方に振ることで、腕を水平面で前方に振る働きのある大胸筋を伸ばす種目。大胸筋は腕を内側にひねる働きもあるので、腕を外側にひねった状態で伸ばすのがポイント。

❶壁の前に横向きで立ち肩の高さで片手を付く

肩の高さで壁に片手を付き、上腕部を外側にひねって力こぶを上向きにする。そこから背すじを伸ばして胸を張る。

❷胸を張って上体を回し腕を後方に振っていく

胸を張ったまま、壁に背中を向けるように上体を回し、壁に付いた腕を付け根から後方に振る。動作中も腕の力こぶは上向きのまま。

バリエーション

手を付く高さを変えると伸びる部分も変わる

壁に付く手の高さを変えることによって、大胸筋を部分別に伸ばすバリエーション。大胸筋全体をしっかり伸ばしたい人にオススメ。フォームや動作の基本は同じ。

肩より低い位置で壁に片手を付く

肩より低い位置に手を付いて行うことで大胸筋の上部を伸ばせる。

肩より高い位置で壁に片手を付く

肩より高い位置に手を付いて行うことで大胸筋の下部を伸ばせる。

POINT

上腕を外側にひねり力こぶを上向きに

上腕部を外側にひねって力こぶを上向きにしたまま、腕を後方に振ることで、大胸筋を強く伸ばせる。

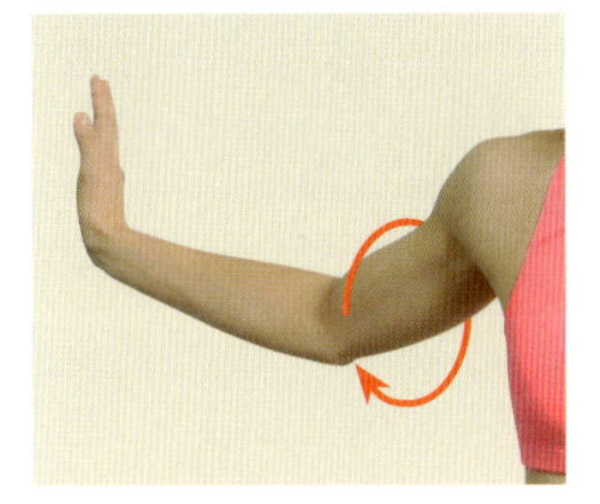

POINT

肩甲骨を寄せて胸をしっかり張る

胸を張り、腕の土台である肩甲骨を内側に寄せながら(肩甲骨内転)、腕を後方に振ると大胸筋が伸びる。

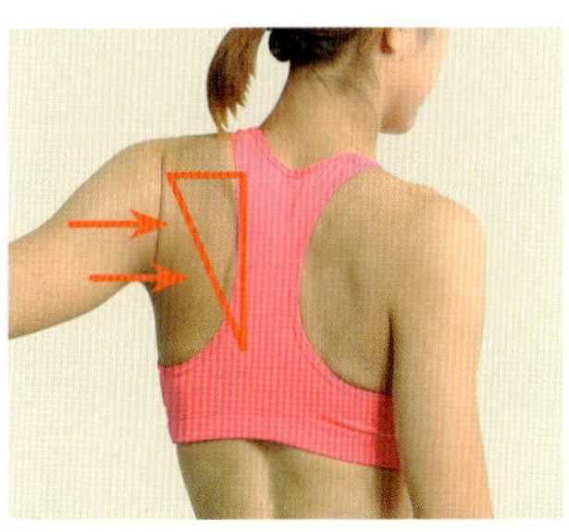

硬い人向け

両肩のラインより後方に手を付く

硬い人は、右ページ①の状態でも大胸筋を伸ばせる。両肩のラインより後方に手を付き、力こぶを上向きにして胸を張る。

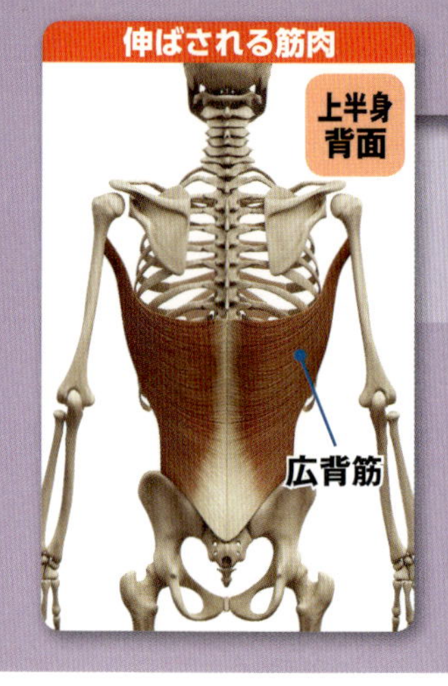

広背筋

背中（側部）の筋トレ

広背筋を鍛えるインバーテッドローイング

上体を引き上げる動きで、腕を水平面で後方に振る働きのある背中の広背筋を鍛える。上体を下ろす局面において、広背筋がエキセントリック筋活動で体重を支えながら伸ばされる。

❶肩幅程度の手幅でテーブルにつかまる

テーブルの下に入り、肩幅程度の手幅で縁をつかむ。そこから足の位置を遠くに移し、上体の角度を水平に近づける。

❷ヒジを曲げて上体を引き上げる

❶の状態から胸を張り、肩甲骨を寄せながら、ヒジを曲げて上体を引き上げる。両ヒジを後方に引く意識で動作する。

❷ヒジを曲げて上体を引き上げる

胸を張って肩甲骨を寄せながら、ヒジを曲げて上体を引き上げる。

❶肩幅より狭い手幅でつかむ

肩幅より狭い手幅でテーブルの縁をつかみ、上体の角度を水平に近づける。

バリエーション

手幅を狭くして行う インバーテッドローイング

手幅を狭くすることで、下背部の広背筋への負荷を高めるバリエーション。手幅が狭くなっても、上体を引き上げるときに肩甲骨を寄せるポイントは同じ。

POINT

肩甲骨を寄せる

動作中は左右の肩甲骨を内側に寄せた状態をキープすることで、僧帽筋の中部〜下部に負荷がかかる。

POINT

肩甲骨を開く

上体を下ろしたときに肩甲骨が外側に開くと、稼働範囲が広くなり、より効果的に鍛えられる。

ストレッチポジション

❸肩甲骨を寄せたまま上体を下ろす

ヒジを伸ばして上体を下ろす。下ろしたときも肩甲骨を内側に寄せた状態をキープして、僧帽筋への負荷が抜けないようにすることで、僧帽筋が力を発揮したまま伸ばされる。

伸びる筋肉

上半身
背面

広背筋

広背筋

背中（側部）のストレッチ

肩関節と脊柱を連動させて広背筋を伸ばす

腕を外側に大きく開きながら、背中上部を横に曲げる動きで、背中側部の広背筋を伸ばす種目。背中の側部は腕が重なることで血行不良になったり、硬くなりやすい部位なのでしっかり伸ばそう。

❶頭上に伸ばした片腕の手首を反対の手で握る

足を腰幅程度に開いて立ち、背すじを伸ばす。そこから片腕を頭上に真っすぐ伸ばし、もう片方の手で手首をつかむ。

❷腕を頭上へ引きながら背中上部を横に曲げる

背すじを伸ばしたまま、手首をつかんでいる腕側に背中上部を側屈しながら、伸ばした腕を頭上へ引っ張り、背中側部をストレッチする。

バリエーション

壁に体重をかけて背中側部を強く伸ばす

壁を使うバリエーション。伸ばした片腕を壁に密着させ、そこに体重をかけることで、背中側部をストレッチする。壁に密着した腕が後頭部と重なるまで振っていく。

POINT

脊柱上部を横に曲げる

背すじを伸ばしたまま、脊柱の上部を横に曲げて側屈することで、背中側部がストレッチされる。

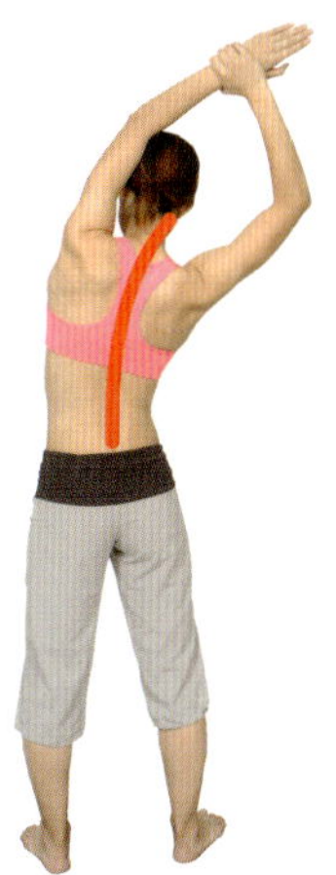

NG

腕を横に引っ張る

背中側部をストレッチするには、伸ばした腕を頭上へ引く。横に引くと肩まわりしか伸ばせない。

バリエーション

背中を横に曲げながら柱を引く

柱を引く力を使って背中側部をストレッチする方法。柱やポールに対して斜めの位置に立ち、片手で柱を腰ぐらいの高さでつかむ。そこから上体を倒し、柱を引きながら頭を腕のほうへ振る。背中は腕と反対側の側方へ曲げていく。

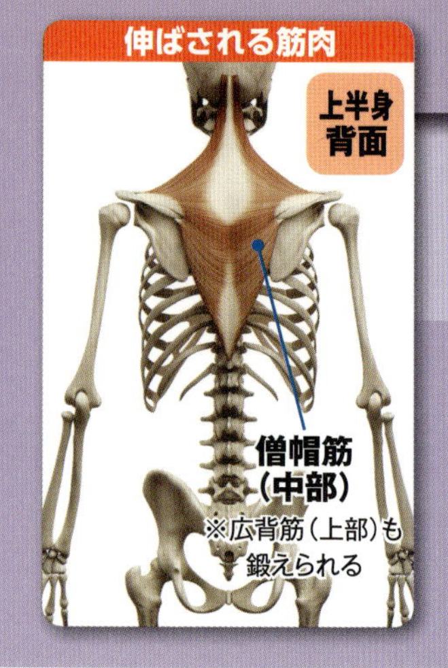

僧帽筋(中部)　広背筋(上部)

背中(中央)の筋トレ

僧帽筋を鍛えるインバーテッドローイング

肩幅より広い手幅で上体を引き上げ、肩甲骨を内側に寄せる働きのある僧帽筋の中部を中心に鍛えるインバーテッドローイング。腕を後方に振る働きのある広背筋の上部も一緒に鍛えられる。

❶手幅を広くして テーブルにつかまる

テーブルの下に入り、手幅を広げて縁をつかむ。そこから足の位置を遠くに移し、上体の角度を水平に近づける。

❷ヒジを曲げて 上体を引き上げる

❶の状態から胸を張り、肩甲骨を寄せながら、ヒジを曲げて上体を引き上げる。動作中に肩がすくまないように注意。

上体を引き上げる局面も下ろす局面も、背中が反った状態を終始キープしたまま動作する。

バリエーション

背中が反ったまま動作し僧帽筋下部にも効かせる

しっかり胸を張って、背中が反った状態を終始キープしながら上体を上げ下げすることにより、背中の中央にある僧帽筋の下部にも効かせることができる。

POINT

肩甲骨を寄せる

上体を引き上げるときは、左右の肩甲骨を内側に寄せながら(肩甲骨内転)、胸を張ってヒジを曲げる。

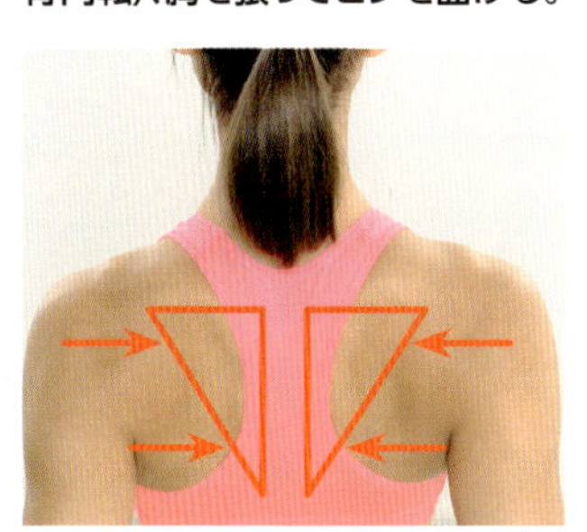

ストレッチポジション

❸肩甲骨を寄せたまま上体を下ろす

ヒジを伸ばして上体を下ろす。下ろしたときも肩甲骨を内側に寄せた状態をキープして、背中への負荷が抜けないようにする。手幅は肩幅の1.5倍程度の広さが目安となる。この種目は本来、テーブルではなく、公園の鉄棒などで行うと良い。

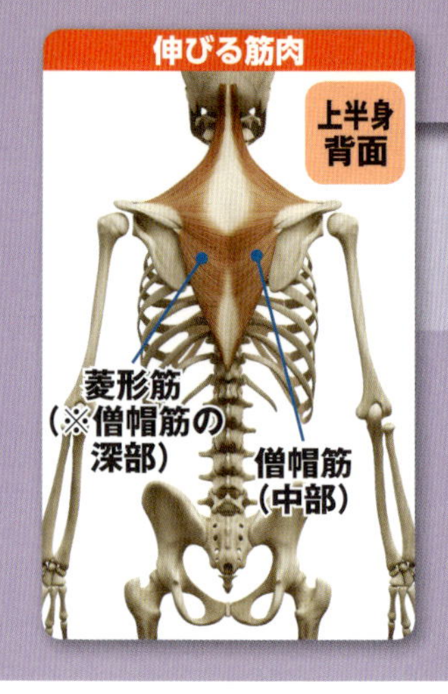

僧帽筋(中部)　菱形筋

背中(中央)のストレッチ

肩甲骨と脊柱を連動させて僧帽筋を伸ばす

肩甲骨を外側に開きながら、背中上部を丸める動きで、肩甲骨を内側に寄せる働きのある僧帽筋をストレッチする種目。腕の土台である肩甲骨の可動域を広げると、腕を根元から大きく動かせる。

❶立位で両腕を伸ばし指を絡めて組む

足を腰幅程度に開いて立つ。そこから両腕を前方に伸ばし、指を絡めるようにして両手を組む。

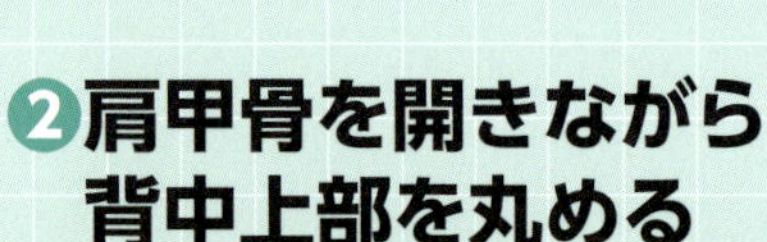

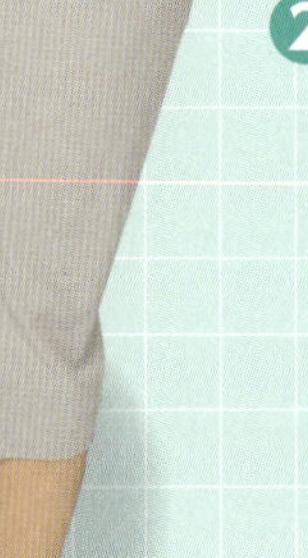

❷肩甲骨を開きながら背中上部を丸める

組んだ両手を前方へ押し出しながら肩甲骨を外側に開く。肩甲骨を開きながら背中上部も丸めていく。両ヒザを軽く曲げると背中上部を丸める動きがやりやすくなる。

片手で柱やポールをつかみ、手で引くのではなく、体重をかけるように柱を引っ張り、その反作用で肩甲骨を開く。

バリエーション❷

柱を引く力を使って肩甲骨を開く方法

柱やポールをつかんで肩甲骨を片側ずつ開くバリエーション。柱を引く力を使って肩甲骨をしっかり開いていく。この方法も肩甲骨まわりが硬い人にオススメ。

POINT

両手を押し出しながら肩甲骨を外側に開く

両手をしっかり組み、組んだ両手を前方へ押し出しながら、肩甲骨を外側に開く(肩甲骨外転)。

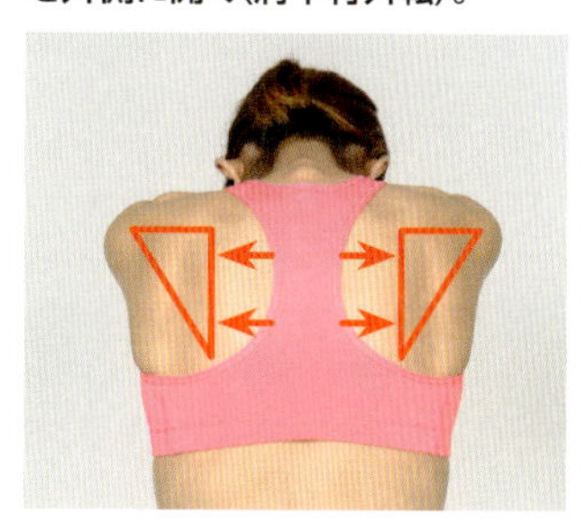

頭から丸めて脊柱上部を曲げる

脊柱は背中から頭まで連なっているため、頭から脊柱を曲げていくと、背中上部がしっかり丸まる。

バリエーション

背中を丸めずに両手を前方へ押し出す方法

背中を丸めずに、組んだ両手を前方へ押し出すバリエーション。腕の土台である肩甲骨を外側に開き、両腕を付け根から前方に出すことで、僧帽筋中部を中心にストレッチする。

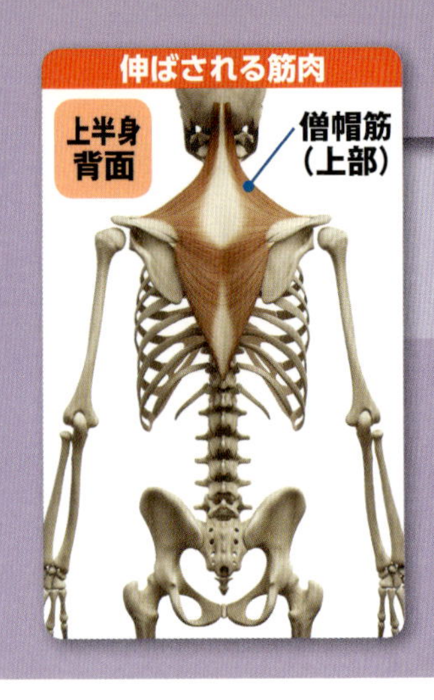

僧帽筋(上部)

首の付け根の筋トレ

僧帽筋上部を鍛えるダンベルシュラッグ

肩甲骨を持ち上げる動きで僧帽筋の上部を鍛える。ダンベルで負荷を高めることで、肩甲骨を下げる局面において、僧帽筋上部がエキセントリック筋活動でダンベルの重さを支えながら伸ばされる。

❶両手にダンベルを持って立つ

両手にダンベルを持って立ち、背すじを伸ばす。足は腰幅程度に開き、ヒジの力を抜く。

❷両肩をすくめるように肩甲骨を持ち上げる

背すじを伸ばしたまま、両肩をすくめるようにして、肩甲骨を上方へ持ち上げる。肩をすくめる動きだけでダンベルを持ち上げていく。

❷脇を開いてダンベルを引き上げる

脇を開いてヒジを側方へ高く持ち上げ、ダンベルを引き上げる。同時に肩をすくめると、より僧帽筋に効く。

❶ダンベルを両手に持つ

立位でダンベルを両手に持ち、背すじを伸ばす。

バリエーション

ダンベルを引き上げるアップライトロー

脇を開いて両ヒジを側方へ持ち上げる。僧帽筋には肩甲骨を上向きに回転させる(上方回旋)働きもあるため、ヒジを上げる動きで肩甲骨を上方回旋させて僧帽筋を鍛える。肩の三角筋も鍛えられる。

POINT

背すじを伸ばしたまま肩甲骨を上下する

背すじを伸ばしたまま肩甲骨を挙上・下制することで、首の付け根部分の僧帽筋上部にしっかり負荷がかかる。前傾して行うと、僧帽筋の中部寄りに負荷がかかる。

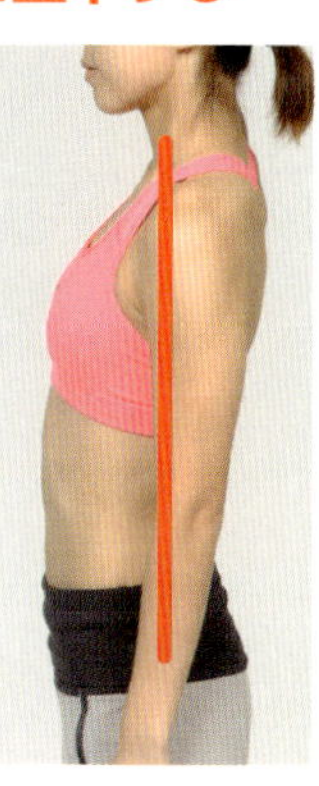

POINT

肩をすくめる

肩甲骨挙上の動きがイメージできない場合は、肩をすくめる動きを行えば、肩甲骨は自然に挙上する。

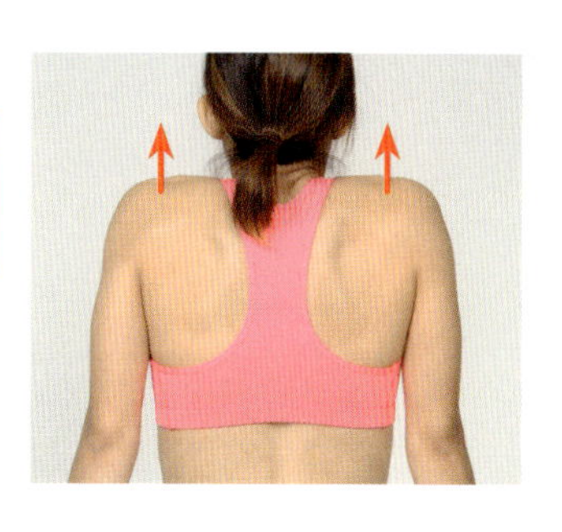

ストレッチポジション

❸肩甲骨を下げ首の付け根を伸ばしていく

肩甲骨を下制してダンベルを下ろしていく。肩甲骨の動きでダンベルを下げることにより、エキセントリック筋活動で首の付け根の僧帽筋上部が力を発揮しながらストレッチされる。

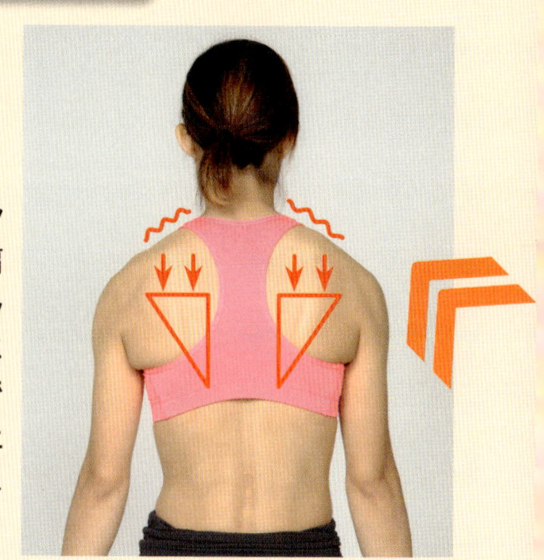

背面から見たフォーム

肩をすくめながら肩甲骨を持ち上げる。肩甲骨の動きでダンベルを持ち上げることにより、肩甲骨を挙上させる働きのある僧帽筋上部がしっかり鍛えられる。

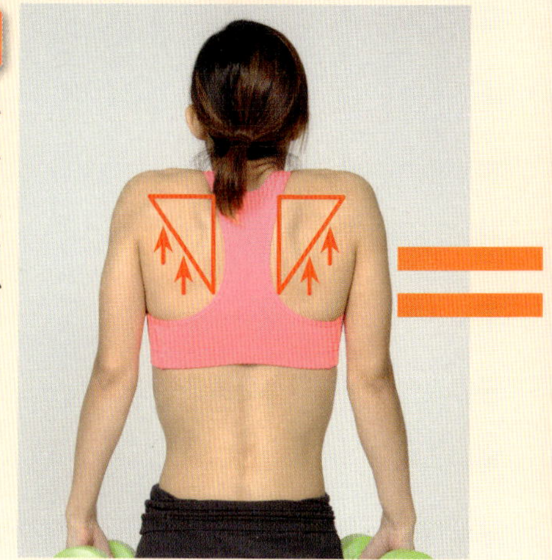

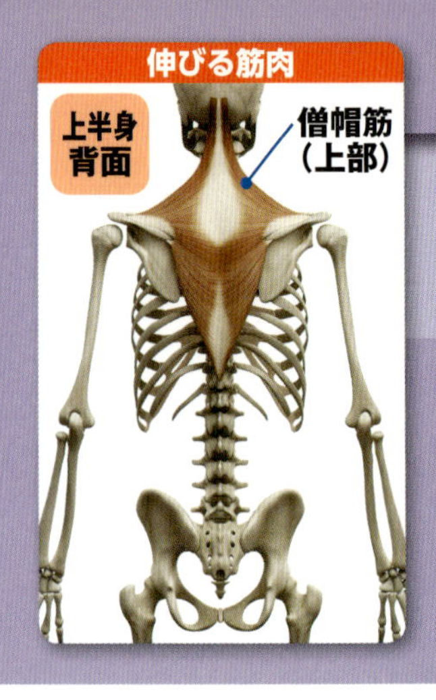

僧帽筋(上部)

首の付け根のストレッチ

肩コリの予防・緩和に効果的なストレッチ

肩甲骨を下制しながら首を横に倒す動きで、首の付け根部分を伸ばしていく。肩がこりやすい人は特に気持ち良さを感じられる種目。首の付け根の筋肉をほぐすことは肩コリの予防にも有効。

❶左右の手でダンベルと側頭部を持つ

片手にダンベルを持ち、背すじを伸ばして立つ。もう片方の手はダンベルを持つ手側の側頭部に当てる。

❷肩甲骨を下制しながら頭部を横に引き倒す

ダンベルの重みで肩甲骨を下げながら、手で頭部をダンベルと反対側の側方に引き倒し、首の付け根を伸ばす。

片手で柱やポールをつかみ、手の力で引くのではなく、体重をかけるように柱を引っ張り、その反作用で首の付け根の筋肉を伸ばす。頭部を真横に引き倒すポイントはダンベルを持って行う場合と同じ。

バリエーション

柱につかまりながら頭部を横に倒す方法

ダンベルの代わりに柱やポールを使うバリエーション。柱を引く力を利用して、肩甲骨を下制したまま頭部を横へ引き倒していく。高強度でストレッチできる方法。

NG

肩がすくむ

頭部を倒す動きにつられて肩がすくむと、肩甲骨が挙上して僧帽筋が緩んでしまうため、首の付け根が伸びなくなる。

バリエーション❷

頭部を斜め前に倒す

頭部を真横ではなく、斜め前方に倒すバリエーション。僧帽筋中部がよりストレッチされる。

硬い人向け

ダンベルを持たずに頭部を横へ倒す

ダンベルがない場合のバリエーション。ダンベルを持たずに、頭部を横へ引き倒す動きだけで首の付け根部分の筋肉を伸ばす。

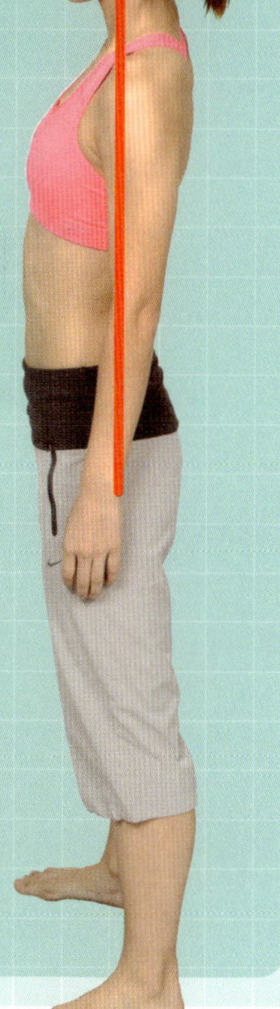

肩がこっていたり、首の付け根が硬くなっている人は、頭部を横に倒すだけで十分に心地良い伸びが感じられる。

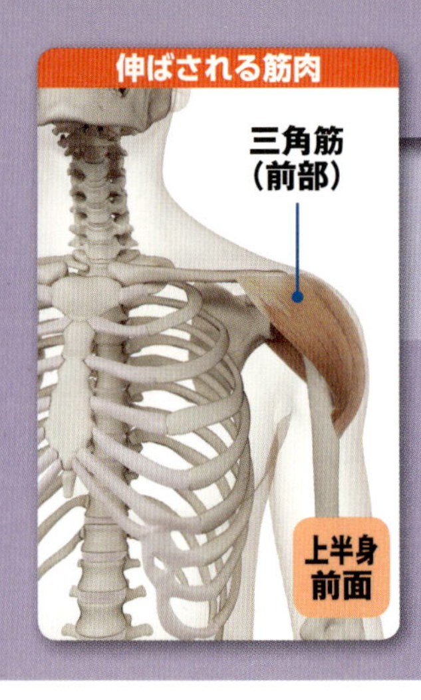

三角筋(前部)

肩(前部)の筋トレ

肩の三角筋前部を伸ばすナロープッシュアップ

手幅を狭くして行う腕立て伏せ。脇を締めたままヒジを曲げて上体を深く沈めるストレッチポジションにおいて、腕を前方に振る働きのある三角筋の前部が上体を支えながら伸ばされる。

❶手幅を狭くして体を一直線にする

手幅を肩幅に広げて腕立て伏せの体勢となり、頭から足先まで全身を一直線にする。手先を少し外側に向けることで脇が締まる。

ストレッチポジション

❷ヒジを曲げて上体を深く沈める

全身を一直線にしたまま、ヒジを曲げて上体を深く沈める。胸部が床に付くギリギリまで沈む。

❶ダンベルを持ち背すじを伸ばす

立位で両手にダンベルを持ち、手の甲を上に向けて、背すじを伸ばす。

❷腕を伸ばしたままダンベルを前に上げる

腕を伸ばしたまま水平までダンベルを前方に上げる。

バリエーション

ダンベルを前方に上げるフロントレイズ

腕を伸ばしたままダンベルを前方に上げる動きで三角筋前部を鍛える種目。腕を下ろしたストレッチポジションの負荷が弱いため、三角筋前部へのストレッチ効果は低め。

POINT

手を後方につく

両手を脚側につき、手より肩の位置を前にするほど負荷が高まり、前鋸筋や僧帽筋下部も動員される。

POINT

脇を締めたままヒジを曲げ伸ばしする

脇を締めたままヒジを伸ばすことで、腕を前方に振る働きのある三角筋前部にしっかり負荷がかかる。

❸脇を締めたままヒジを伸ばす

脇を締めたまま、ヒジを伸ばして上体を持ち上げ、❶に戻る。このときも全身は一直線にしたまま。

正面から見たフォーム

脇を締めたまま上体を沈めることで、腕が付け根から後方に振られて、三角筋前部がエキセントリック筋活動で力を発揮したまま伸ばされる。

伸びる筋肉

三角筋
（前部）

上半身
前面

三角筋（前部）

肩（前部）のストレッチ

腕を後方に振る動きで三角筋前部を伸ばす

脇を締めたまま腕を後方に振る動きで、腕を前方に振る働きのある三角筋前部をストレッチする。脇下深部にある前鋸筋の下部も伸ばせる。三角筋は部位で働きが異なるため複数種目で伸ばす。

テーブルに両手を付き 胸を張って上体を沈め 腕を後方に振る

テーブルや台に背を向けて立つ。そこから両手を後方に引いてテーブルに手を付き、背すじを伸ばして胸を張ったまま上体を沈める。上体を沈めるほど肩前部が強く伸びる。低いテーブルや台を使う場合はヒザを付いて行う。

バリエーション

肩関節に体重をかけて三角筋前部を伸ばす方法

寝そべった状態で肩前部を伸ばすバリエーション。両腕のヒジ先を後方に付くほどストレッチ強度は高くなる。テレビを見ながらでも行える種目なので試してみよう。

仰向けの状態から両腕を後方に引いてヒジ先を付く。そこから胸を張ることで肩関節に体重がかかり、腕が後方に振られて肩前部がストレッチされる。

柔らかい人向け

テーブルに両手を付きしっかり胸を張る

テーブルや台に両手を付いた状態から、背すじを伸ばして胸を張ると、肩前部をより強く伸ばせる。

POINT

胸を張ったまま上体を沈める

胸を張ったまま上体を沈めることで、腕が後方に振られて、三角筋前部がストレッチされる。

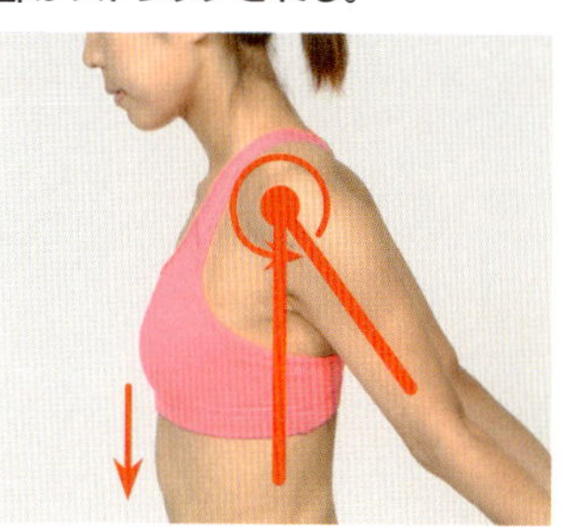

NG

背すじが曲がる

背すじが曲がったまま動作すると、肩関節から腕を後方に振る動きが小さくなるため、三角筋前部が伸びない。

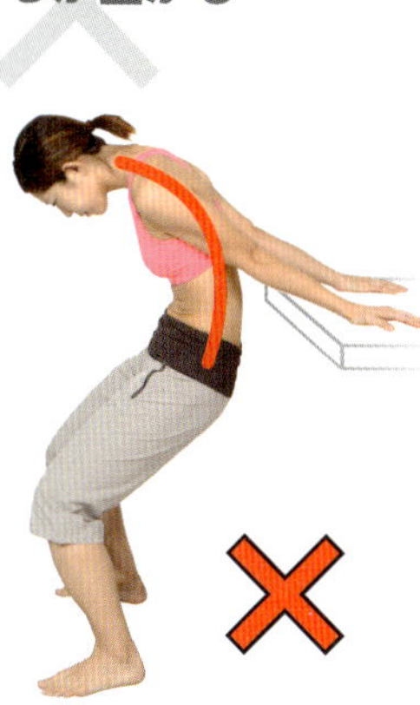

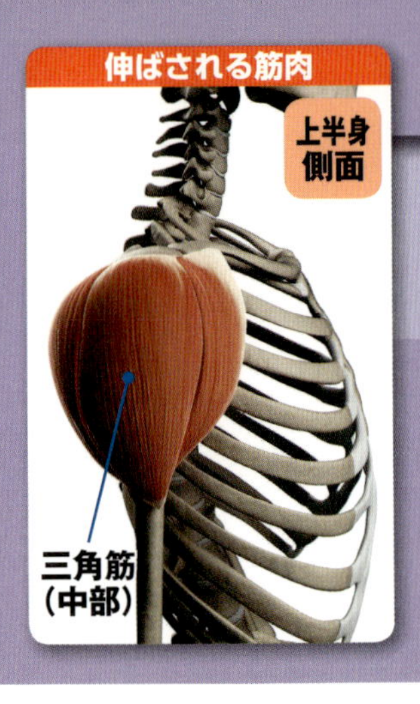

三角筋（中部）

肩（中部）の筋トレ

三角筋中部を伸ばすライイングサイドレイズ

横向きに寝てダンベルを側方に上げる動きで、腕を外側に振る働きのある三角筋の中部を鍛える。寝て行うことにより、ストレッチポジションでも三角筋中部への負荷が抜けない。

❶横向きに寝てダンベルを持つ

横向きに寝て、上側の腕を体の側面に沿って伸ばし、ダンベルを持つ。下側の腕はヒジ先を付いて上体が動かないように安定させる。

❷腕を伸ばしたままダンベルを上げる

腕を伸ばしたまま肩関節だけを動かし、負荷が抜けない50度ぐらいの角度まで腕を外側に開き、ダンベルを上げる。

❶ダンベルを持ち背すじを伸ばす

立位で両手にダンベルを持ち、手の甲を外側に向ける。

❷腕を伸ばしたままダンベルを側方に上げる

腕を伸ばしたまま水平までダンベルを側方に上げる。

バリエーション

ダンベルを側方へ上げるサイドレイズ

腕を伸ばしたままダンベルを側方に上げる動きで三角筋中部を鍛える種目。腕を下ろしたストレッチポジションの負荷が弱いため、三角筋中部へのストレッチ効果は低め。

NG

腕を上げるときに肩甲骨を寄せる

ダンベルを上げるときに肩甲骨を内側に寄せると、三角筋中部への負荷が弱くなるのでNG。

NG

腕を上げるときに肩がすくむ

ダンベルを上げるときに肩がすくむと、肩甲骨が挙上し、三角筋中部への負荷が弱くなるので注意。

ストレッチポジション

❸腕を伸ばしたままゆっくりダンベルを下ろす

腕を伸ばしたまま肩関節だけを動かし、ゆっくりダンベルを下ろす。ダンベルが体に付くギリギリまで下ろすことで、三角筋中部が力を発揮したまま伸ばされる。

伸ばされる筋肉

上半身
背面

三角筋
（後部）

三角筋（後部）

肩（後部）の筋トレ

三角筋後部を伸ばすライイングリアレイズ

横向きに寝てダンベルを引き上げる動きで、腕を水平面で後方に振る働きのある三角筋の後部を鍛える。寝て行うことにより、ストレッチポジションでも三角筋後部への負荷が抜けない。

❶横向きに寝て ダンベルを持つ

横向きに寝て、上側の腕を前方に伸ばしてダンベルを持つ。下側の腕は折り曲げて頭の下に入れ、上体が動かないように安定させる。

❷腕を伸ばしたまま ダンベルを引き上げる

腕を伸ばしたまま肩関節だけを動かし、負荷が抜けない50度ぐらいの角度まで腕を後方に振ってダンベルを引き上げる。

❶上体を倒してダンベルを持つ

立位で両手にダンベルを持ち、上体を倒して背すじを伸ばす。

❷腕を伸ばしたまま後方に振る

腕を伸ばしたまま左右に開き、水平近くまでダンベルを引き上げる。

バリエーション

三角筋後部に集中して負荷をかけるリアレイズ

上体を倒した体勢でダンベルを後方に引き上げ、三角筋後部を鍛える種目。腕を下ろしたストレッチポジションの負荷が弱いため、三角筋後部へのストレッチ効果は低め。

POINT

肩関節だけを動かしダンベルを引き上げる

肩関節だけを動かすことで三角筋後部に負荷が集中する。肩甲骨を寄せると三角筋後部を十分に鍛えられない。

NG

腕を上げるときに肩甲骨を寄せる

ダンベルを上げるときに肩甲骨を内側に寄せると、三角筋後部への負荷が弱くなるのでNG。

ストレッチポジション

❸腕を伸ばしたままダンベルを下ろす

腕を伸ばしたまま肩関節だけを動かし、床に付くギリギリまでゆっくりダンベルを下ろす。ストレッチポジションでも三角筋後部にしっかり負荷をかけ続ける。

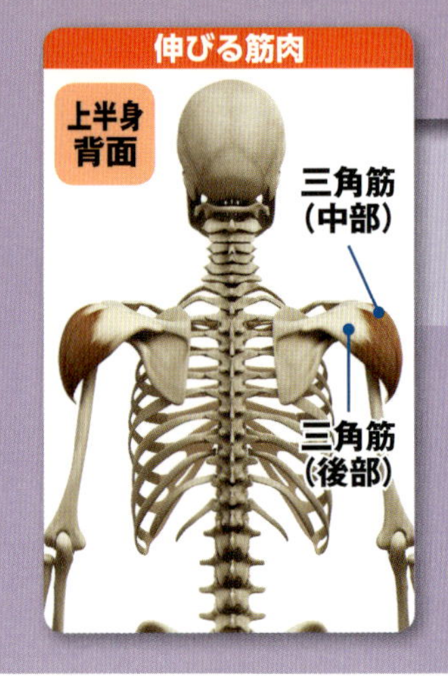

三角筋(中部〜後部)

肩(中部〜後部)のストレッチ

三角筋の中部〜後部を伸ばす

腕を抱えて引く動きで、腕を外側に振る働きのある三角筋中部と、腕を水平面で後方に振る働きのある三角筋後部を伸ばす。意外に伸ばしにくい部位なのでしっかりストレッチを感じながら行う。

❶片腕を伸ばしもう片方の腕で抱え込む

立位で片腕を伸ばし、もう片方の腕で抱え込む。伸ばした腕のヒジ付近を、下からヒジの内側で抱え込む。

❷伸ばした腕を手先の方向へ抱えた腕で引いていく

抱えられた腕を伸ばしたまま、手先の方向へ、抱えた腕で巻き込むように引っ張り、肩の中部から後部をストレッチする。

バリエーション

体重をかけて三角筋の中部～後部を強く伸ばす

伸ばした片腕を床に密着させ、そこに体重をかけることで、肩の中部～後部をストレッチする方法。腕を真っすぐ伸ばし、付け根から折り曲げていくのがポイント。

❶四つんばいで片腕を床に付ける

四つんばいの状態で片腕を伸ばし、腕の後面を床に密着させる。

❷体重をかけて腕を折り曲げる

❶の状態から、体重をかけながら肩のラインを倒していく。

POINT

伸ばした腕を手先の方向へ引く

伸ばした腕は、手前に引き寄せるのではなく、抱えた腕で巻き込むようにして手先の方向へ引く。

NG

抱えた腕を手前に引き寄せる

抱えた腕を手前に引いても肩の中部～後部は伸ばせない。抱えられた腕のヒジが曲がるのもNG。

硬い人向け

伸ばした腕の手首付近を抱える

手首付近を抱える方法。ストレッチする腕を深く引いていく動きには向かないものの、テコのレバーが長くなるため、硬い人が実施する場合はこちらの方法がオススメ。

伸ばされる筋肉

肩甲下筋

上半身
前面

肩甲下筋

肩深部(前面)の筋トレ

腕を付け根から内側へひねる動きを鍛える

腕を付け根から内側へひねる肩関節内旋の動きに負荷をかけ、肩深部の前面にある肩甲下筋を鍛える。肩を外側にひねってダンベルを下ろす局面で、肩甲下筋がダンベルを支えたまま伸ばされる。

❶仰向けに寝た状態でダンベルを持つ

仰向けで片手にダンベルを持ち、ヒジを両肩のラインの延長線上において、90度に曲げる。

❷肩を内側へひねりダンベルを上げる

ヒジを曲げたまま、腕を付け根から内側へひねり、前腕部が垂直になるまでダンベルを持ち上げる。

ストレッチポジション

❸肩を外側へひねりダンベルを下ろす

ヒジを曲げたまま、腕を付け根から外側へひねり、床に付くギリギリまでゆっくりダンベルを下ろしていく。

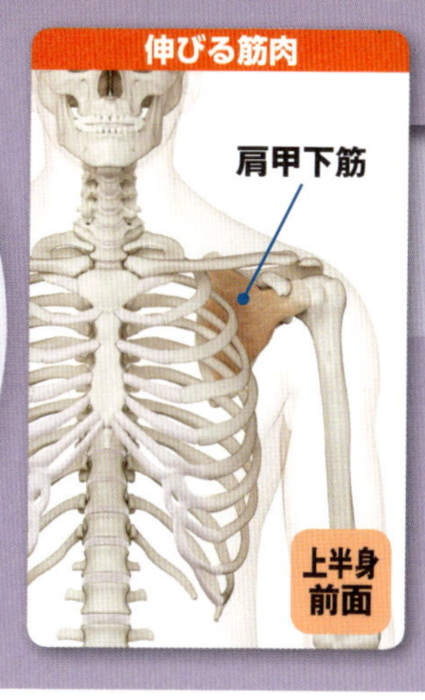

肩甲下筋

肩深部(前面)のストレッチ

腕を付け根から外側へひねり肩甲下筋を伸ばす

腕を付け根から外側へひねる動きで、腕を付け根から内側へひねる肩関節内旋の動きに働く肩甲下筋を伸ばす。傘以外でも野球のバットや杖など、長くて折れ曲がらない棒があれば代用できる。

①長い棒の先端を持ってヒジを曲げる

長い棒の先端をつかんでヒジを曲げ、もう片方の手で反対側の先を持つ。テコの原理を使ってひねるため、曲げたヒジの外側に棒を当てる。

②肩を内側へひねり長い棒を引き上げる

長い棒の下側の先を上方に引き上げる。下側の手はなるべく遠くの端を持ったほうがテコのレバーが長くなって楽に伸ばせる。肩関節外旋の動きで伸ばすために、上腕骨が回転の軸になるように動かす。

伸ばされる筋肉

棘上筋 棘下筋 小円筋

肩深部（後面）の筋トレ

腕を外側へひねる動きに働く筋群を鍛える

腕を付け根から外側へひねる肩関節外旋の動きに負荷をかけ、肩深部の後面にある筋群を鍛える。ダンベルを下ろしていく局面において、肩の外旋筋群がダンベルの重さを支えながら伸ばされる。

❶片ヒジをテーブルに乗せる

片手にダンベルを持ち、ヒジを90度に曲げてテーブルや台に乗せる。ヒジは両肩のラインと同じ高さで、ヒジ先がテーブル上から出る位置におく。

❷肩を外側にひねってダンベルを持ち上げる

ヒジを曲げたまま、腕を付け根から外側へひねり、前腕部が垂直になるまでダンベルを持ち上げる。

ストレッチポジション

❸肩を内側へひねってダンベルを下ろす

ヒジを90度に曲げたまま、腕を付け根から内側へひねり、ゆっくりダンベルを下ろしていく。

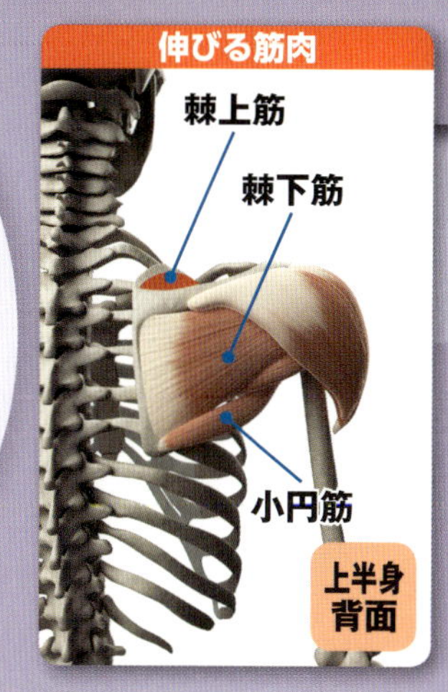

棘上筋 棘下筋 小円筋

肩深部(後面)のストレッチ

腕を内側にひねる動きで肩の外旋筋群を伸ばす

腕を付け根から内側へひねる動きで、腕を付け根から外側へひねる働きのある肩関節外旋筋群(棘上筋・棘下筋・小円筋)をストレッチする。肩の外旋筋群は投球動作への関与が高い筋群。

バリエーション

テーブルや台に片腕の手の甲を乗せてひねる

片腕のヒジを90度に曲げてテーブルに乗せる。そこからテーブルに体重をかけて腕を付け根から内側にひねっていく。上腕部を回転軸にして肩をひねる。

❶手の甲側を腰に当ててヒジを持つ

片腕の手首を折り曲げ、手の甲側を腰に当て、もう片方の手でヒジをつかむ。

❷ヒジを前方に引いて肩を内側へひねる

つかんだヒジを前方に引いて、腕を付け根から内側へひねる。伸ばす側の肩を脱力することが大切。

Column

エキセントリック筋活動に不向きなチューブトレーニング

チューブトレーニングの長所と短所を知る

一般的な筋トレ方法のひとつに、「チューブトレーニング」があります。トレーニング用のチューブを引き伸ばして鍛えるこのトレーニング法は、手軽で安全に行えることが大きな魅力。さらに、チューブが安価で持ち運びにも適していることから、今や広く浸透しています。

ところが、柔軟性向上が目的の筋トレにおいては、チューブトレーニングは不向きと言わざるを得ません。本書の中でチューブ種目を紹介していないのも同様の理由です。

第1章でも解説した通り、筋トレで柔軟性を向上させるためには、「ストレッチポジションで負荷を抜かない」というポイントがとても重要になります。しかし、チューブトレーニングでは、重り（負荷）を下げたストレッチポジションの状態で、負荷が抜ける（または弱くなる）という性質をもっています。

使用するチューブの硬さに関係なく、チューブ種目は全般的に柔軟性向上の効果は低いといえるでしょう。

それに対し、ダンベル種目は、筋肉が力を発揮しながら伸ばされるエキセントリック筋活動の局面でも、筋肉が最も伸びるストレッチポジションでもしっかり負荷をかけることができるため、柔軟性の向上に適しているといえます。

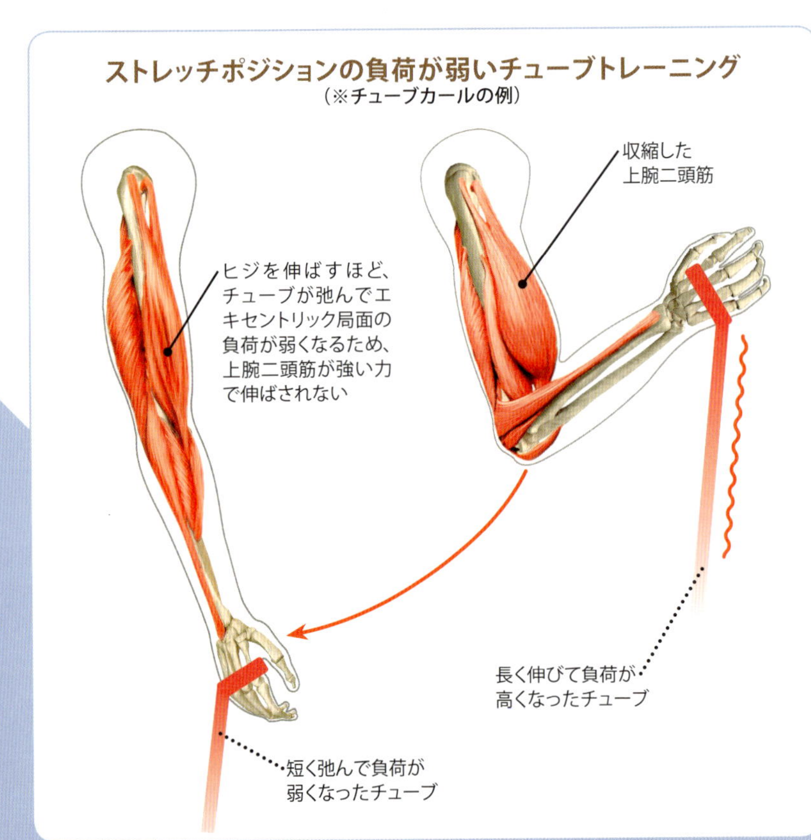

第6章

筋トレ＋ストレッチ ヒジ関節&手関節

二関節筋が多く集まるヒジ関節と手関節は、2つの関節を効果的に動かすことが大切。
筋トレ種目は10回が限界となる負荷で3セット。
ストレッチ種目は15〜30秒間伸ばすのが目安。
片腕ずつ行う種目は左右とも実施しましょう。

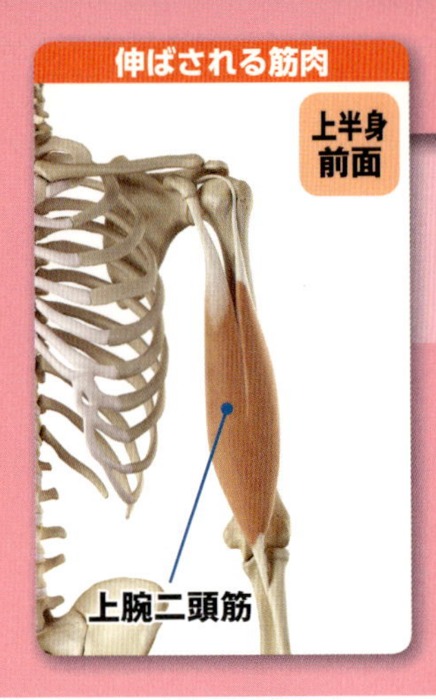

上腕二頭筋

上腕（前面）の筋トレ

上腕二頭筋を強く伸ばすインクラインカール

肩関節とヒジ関節をまたぐ二関節筋である上腕二頭筋を鍛える。腕を後方に引いたままヒジを伸ばしてダンベルを下ろす局面で、上腕二頭筋がエキセントリック筋活動しながら強烈に伸ばされる。

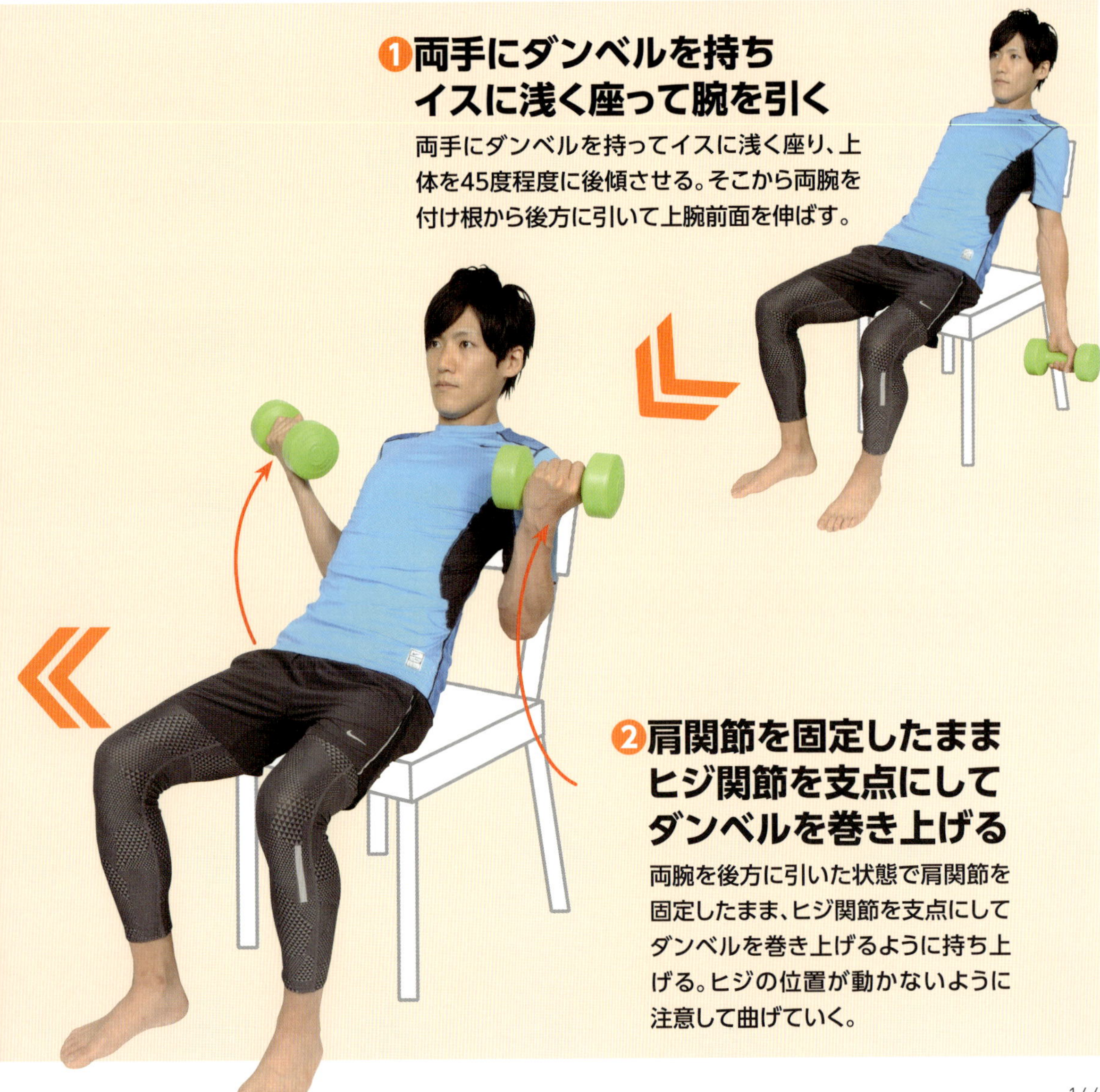

❶両手にダンベルを持ち イスに浅く座って腕を引く

両手にダンベルを持ってイスに浅く座り、上体を45度程度に後傾させる。そこから両腕を付け根から後方に引いて上腕前面を伸ばす。

❷肩関節を固定したまま ヒジ関節を支点にして ダンベルを巻き上げる

両腕を後方に引いた状態で肩関節を固定したまま、ヒジ関節を支点にしてダンベルを巻き上げるように持ち上げる。ヒジの位置が動かないように注意して曲げていく。

❷左右交互に
ダンベルを下ろす

ダンベルを下ろす腕は、ヒジが伸びきる直前までヒジを伸ばしていく。

❶左右交互に
ダンベルを上げる

ダンベルを持ち上げる腕は、ヒジの位置を固定したままヒジを曲げる。

バリエーション

上腕二頭筋の基本トレ
ダンベルカール

上腕前面を鍛える最も基本的なトレーニング。ヒジの曲げ伸ばしのみで、肩を支点に腕が後方へ振られないため、上腕二頭筋へのストレッチ効果は低め。

POINT

腕を後方に引いたまま
ヒジを曲げ伸ばしする

上体が後傾した状態で、腕を後方に引いたまま動作することにより、上腕二頭筋が大きく伸ばされる。

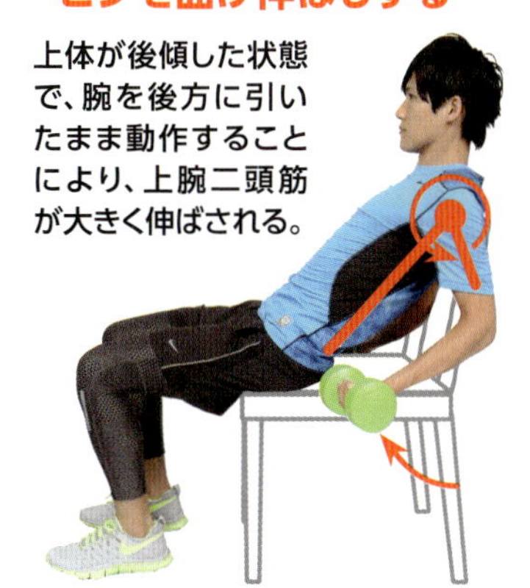

背すじが曲がる

背すじが曲がっていると、肩を支点に腕が後方へ振られないため、上腕前面のストレッチは弱くなる。

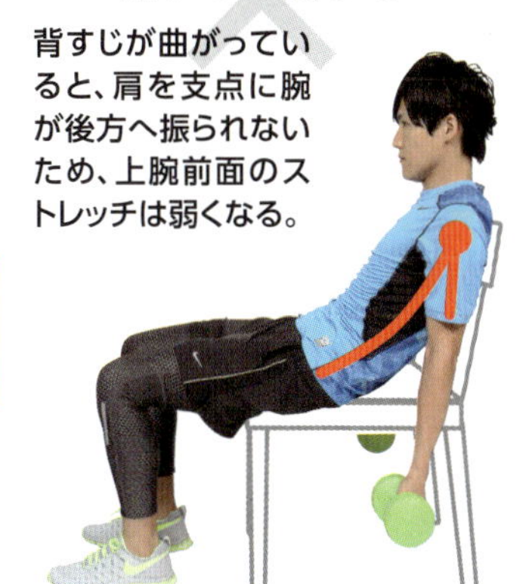

ストレッチポジション

❸腕を後方に引いたままヒジを伸ばす

腕を後方に引いたまま、ヒジを伸ばしてダンベルを下ろす。上体が後傾した状態で、腕を引いたままヒジを伸ばすことにより、上腕二頭筋が力を発揮しながら強烈に伸ばされる。

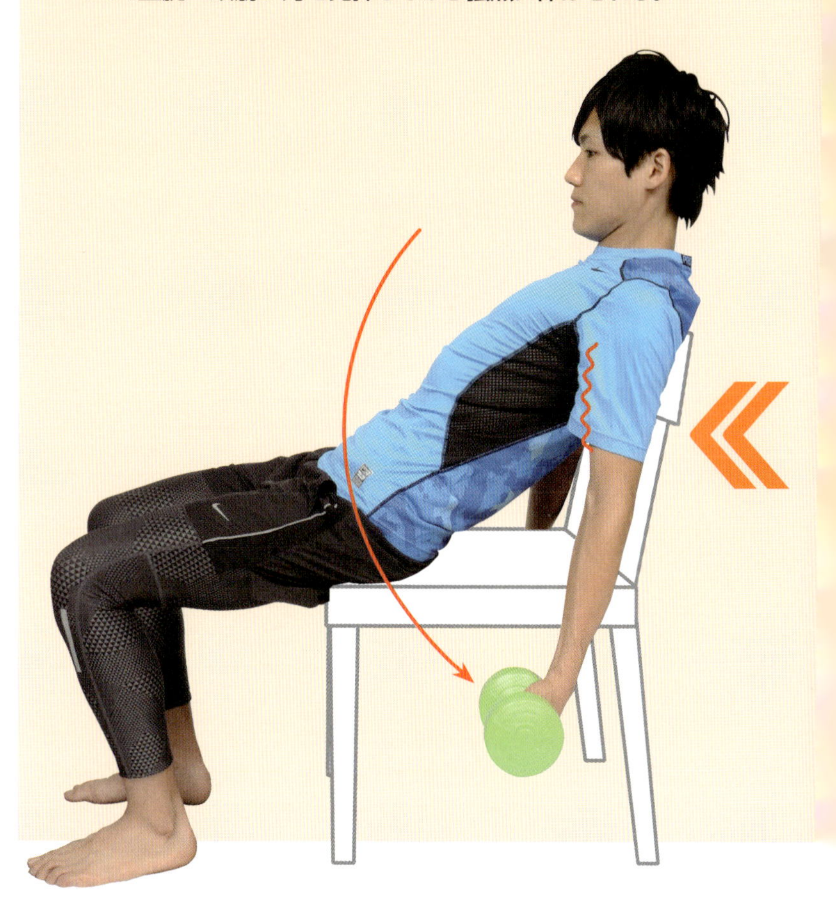

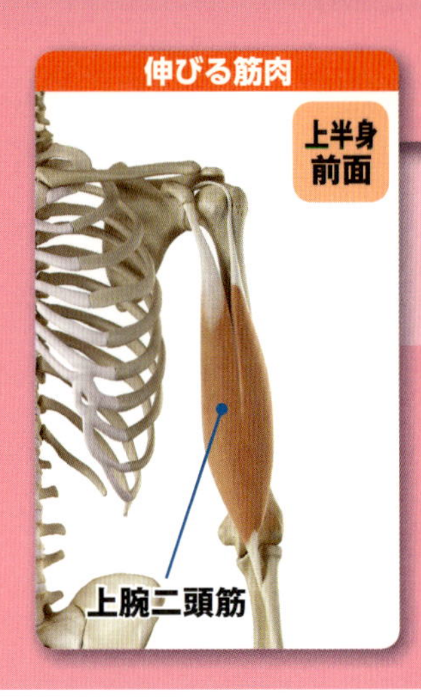

上腕二頭筋

上腕(前面)のストレッチ

柱に手先を引っかけて上腕二頭筋を伸ばす

腕を伸ばしたまま柱やポールに手先をかけ、ヒジを曲げる働きのある上腕二頭筋を伸ばす。上腕二頭筋は前腕を外側にひねる回外作用もあるため、前腕を回内しながら伸ばしていく。

❶柱に片腕の手先をかけ力こぶを上に向ける

柱やポールの横に立つ。そこから片腕を側方に真っすぐ伸ばし、柱に手先を引っかけて、力こぶを上に向ける。

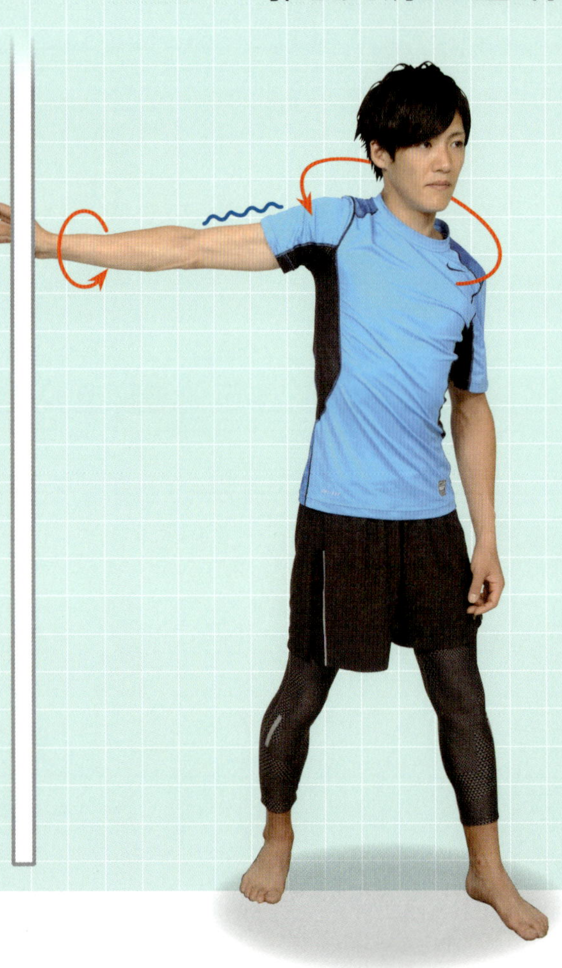

❷力こぶを上向きのまま手の平を下向きにして前腕を内側にひねる

❶の状態から、力こぶを上向きにしたまま、手の平だけを下向きにして、前腕を内側にひねって(回内させて)上腕前面を伸ばしていく。

四つんばいの状態で片腕を伸ばし、手先を床に付けて上腕前面を伸ばしていく。この方法では、力こぶを前方（頭の方向）に向けたまま、手の平を後方（足の方向）に向けて伸ばす。

バリエーション

床に手を付いて上腕二頭筋を伸ばす方法

腕を伸ばしたまま床に手先を付いて上腕二頭筋を伸ばすバリエーション。体重をかけることで強く伸ばせるが、上腕二頭筋を伸ばしすぎると痛みを感じるので注意。

POINT

力こぶと手の平を逆方向にひねる意識で

手の平を下に向けるとき、力こぶと手の平を逆方向にひねる意識で行うと、上腕前面が伸びやすい。

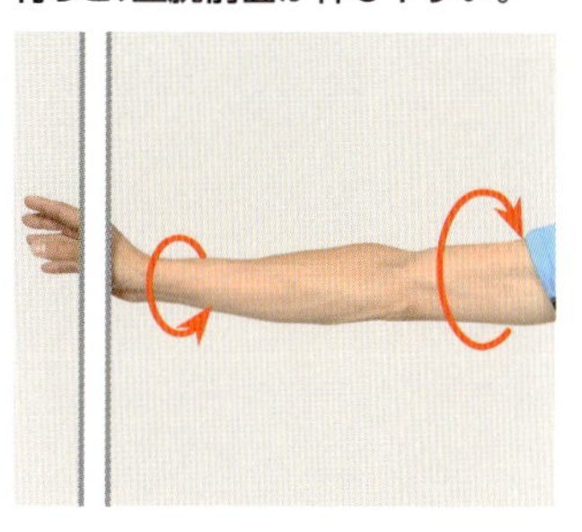

NG

手の平と一緒に力こぶまで下に向く

手の平を下向きにするとき、力こぶも一緒に下向きになると、上腕二頭筋が伸びなくなるので注意。

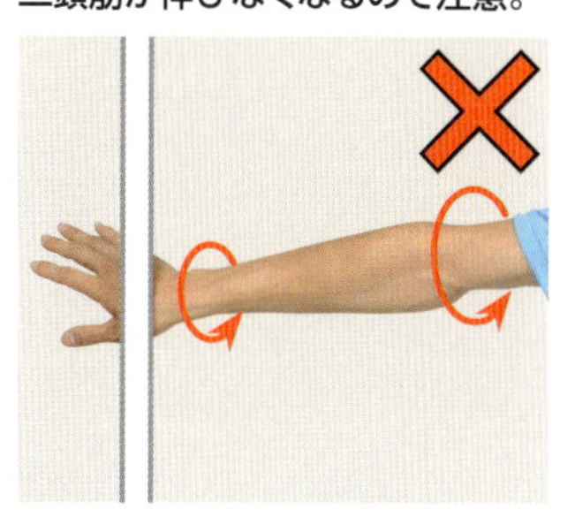

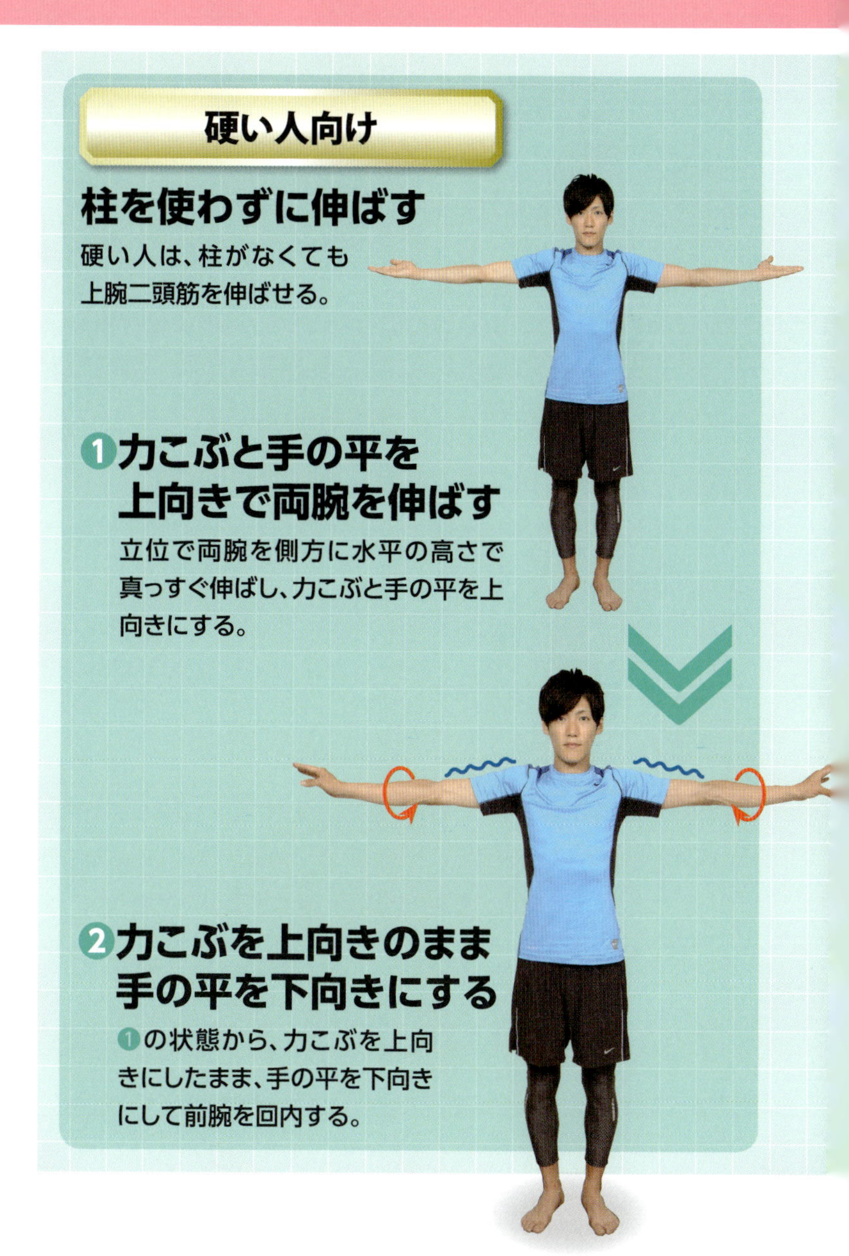

硬い人向け

柱を使わずに伸ばす

硬い人は、柱がなくても上腕二頭筋を伸ばせる。

❶力こぶと手の平を上向きで両腕を伸ばす

立位で両腕を側方に水平の高さで真っすぐ伸ばし、力こぶと手の平を上向きにする。

❷力こぶを上向きのまま手の平を下向きにする

❶の状態から、力こぶを上向きにしたまま、手の平を下向きにして前腕を回内する。

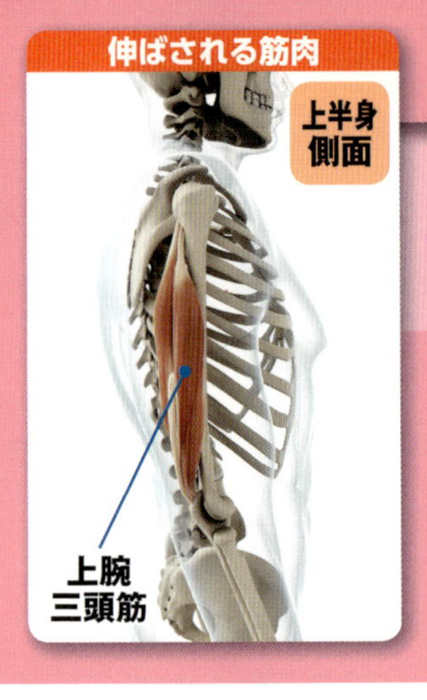

上腕三頭筋

上腕(後面)の筋トレ

上腕三頭筋を伸ばすワンハンドフレンチプレス

肩関節とヒジ関節をまたぐ二関節筋である上腕三頭筋を鍛える。腕を高く上げたままヒジを深く曲げることで、肩の動きにも作用する上腕三頭筋の長頭が力を発揮したままストレッチポジションになる。

❶ダンベルを持ち腕を頭上に上げヒジを曲げる

片手にダンベルを持ってイスに座り、腕を頭上へ伸ばしてヒジを深く曲げる。ダンベルを持つ手は小指を上に向ける。頭上へ上げた腕のヒジが前方へ動かないように、もう片方の手で押さえる。

❷ヒジを高い位置で固定したまま伸ばしていく

ヒジを高い位置で固定したまま伸ばしてダンベルを持ち上げる。ヒジ関節だけを動かしてダンベルを持ち上げるのがポイント。

❷手の甲から持ち上げる

ヒジが動かないように高い位置で固定したまま、ヒジを伸ばして手の甲からダンベルを持ち上げる。

❶腕を頭上に伸ばして深く曲げる

腕を頭上へ伸ばしてヒジを深く曲げる。ダンベルを手の甲を上に向けて持つ。

バリエーション

上腕三頭筋の外側頭に効かせる方法

ダンベルを持つ手の向きを変えて行うバリエーション。手の甲を上にしてダンベルを持ち上げることで、上腕三頭筋の外側頭にしっかり効かせることができる。

ストレッチポジション

❸ヒジを高い位置で固定したままヒジを深く曲げる

ヒジを高い位置でしっかり固定したまま、ヒジをゆっくり曲げてダンベルを下ろしていく。ヒジを深く曲げることによって、肩関節とヒジ関節をまたぐ二関節筋である上腕三頭筋の長頭がフルストレッチされる。

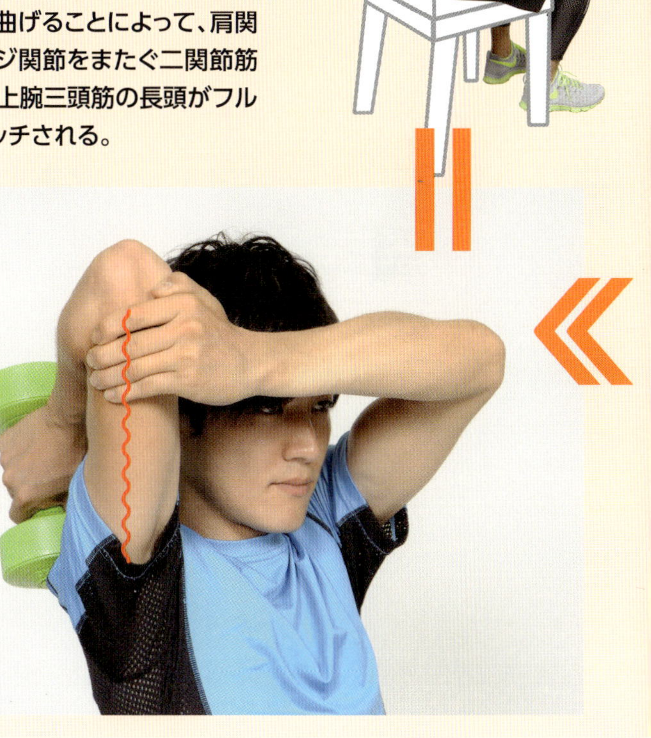

NG

ヒジが前に出る

肩関節から腕が前方に振られ、二関節筋である上腕三頭筋の長頭が緩んでストレッチが弱くなる。

NG

ヒジを深く曲げない

ダンベルを下ろす局面でヒジを深く曲げないと、筋トレ効果もストレッチ効果も小さくなる。

伸びる筋肉

上半身側面

上腕三頭筋

上腕三頭筋

上腕(後面)のストレッチ

肩とヒジを連動させて上腕三頭筋を伸ばす

ヒジを高く上げたまま深く曲げる動きで、ヒジを伸ばす働きのある上腕三頭筋を伸ばす。上腕三頭筋の長頭はヒジ関節と肩関節をまたぐ二関節筋なので、腕を大きく振って肩関節からも伸ばしていく。

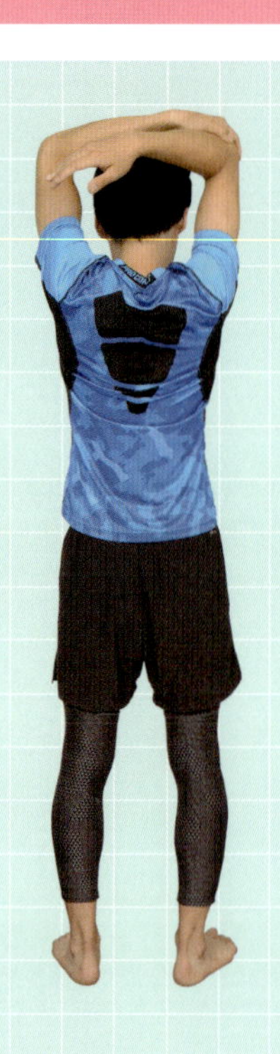

❶片腕を高く上げもう片方の手でヒジをつかむ

片腕のヒジを曲げたまま頭上に高く上げ、もう片方の手で上からヒジをつかむ。このとき頭部を少し前方に倒すとヒジをつかみやすくなる。

❷つかんだヒジを引きながら深く曲げていく

伸ばす腕のヒジを横に引きながら、深く曲げていく。肩から腕を振ってヒジを高く上げた状態で、深く曲げることによって、上腕後面の上腕三頭筋が強くストレッチされる。

壁に体重をかけることで、壁に上腕部を密着させた腕が付け根から振られる。そこからヒジを深く曲げることで、上腕後面のストレッチをしっかり感じられる。

バリエーション

壁に腕を押しつけて上腕三頭筋を強く伸ばす

壁を使うバリエーション。片腕の上腕部を壁に密着させ、そこに体重をかけながら、ヒジを曲げて上腕後面を伸ばす。もう片方の手で押すとヒジを深く曲げやすい。

POINT

肩関節とヒジ関節を連動させて伸ばす

上腕三頭筋は二関節筋であるため、ヒジ関節だけでなく、肩関節も連動させて両端から伸ばしていく。

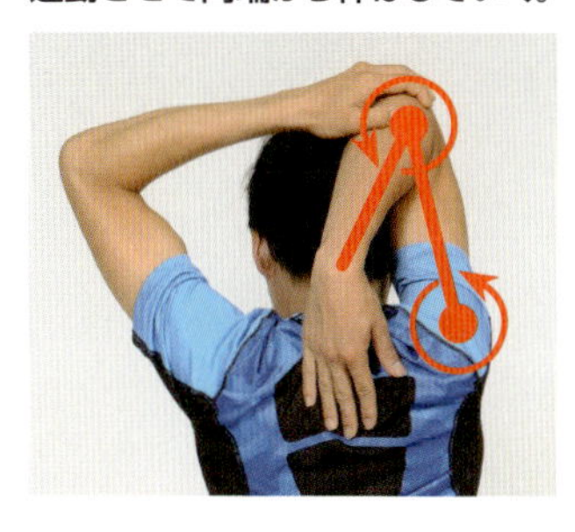

腕を頭上に伸ばしてからヒジを深く曲げていく

「硬い人向け」のポイント。腕を頭上に伸ばし、ヒジを後方に押す状態を作ってからヒジを曲げると、硬い人でも姿勢を作れる。

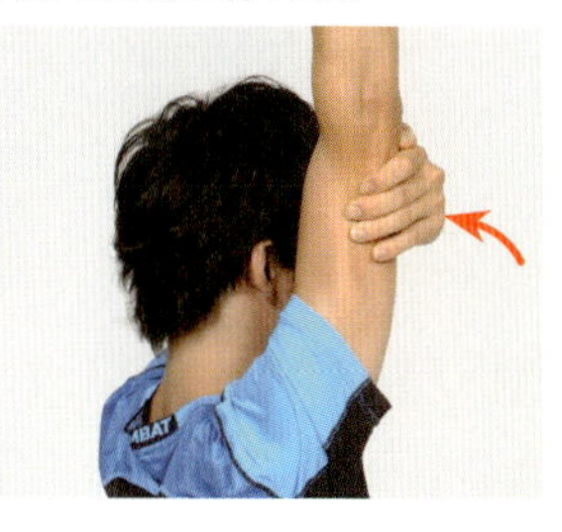

硬い人向け

深く曲げたヒジを後方に押し込む

右ページの❶の状態を作るのも難しいという人は、深く曲げたヒジを、もう片方の手で後方へ押していく。ストレッチ強度はやや弱くなるものの、硬い人でも実践できる。

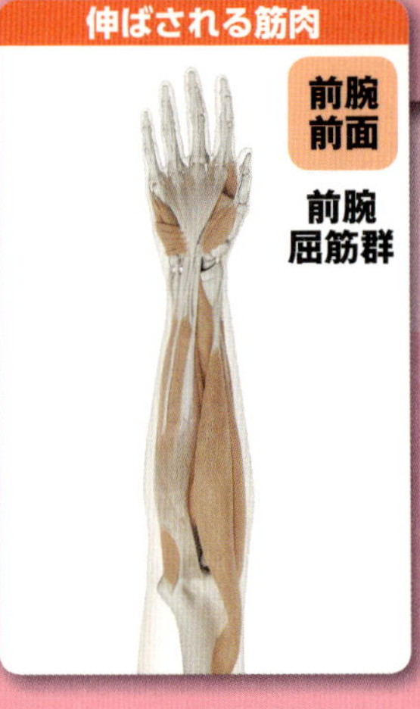

前腕屈筋群

前腕（前面）の筋トレ

手首の伸ばす筋群を鍛えるダンベルリストカール

指先から手首（手関節）を巻き上げる動きで、前腕の屈筋群を鍛える。手首だけでなく指先も動かすことで、前腕から指先まで長く伸びている多関節筋の稼働範囲を大きくできる。

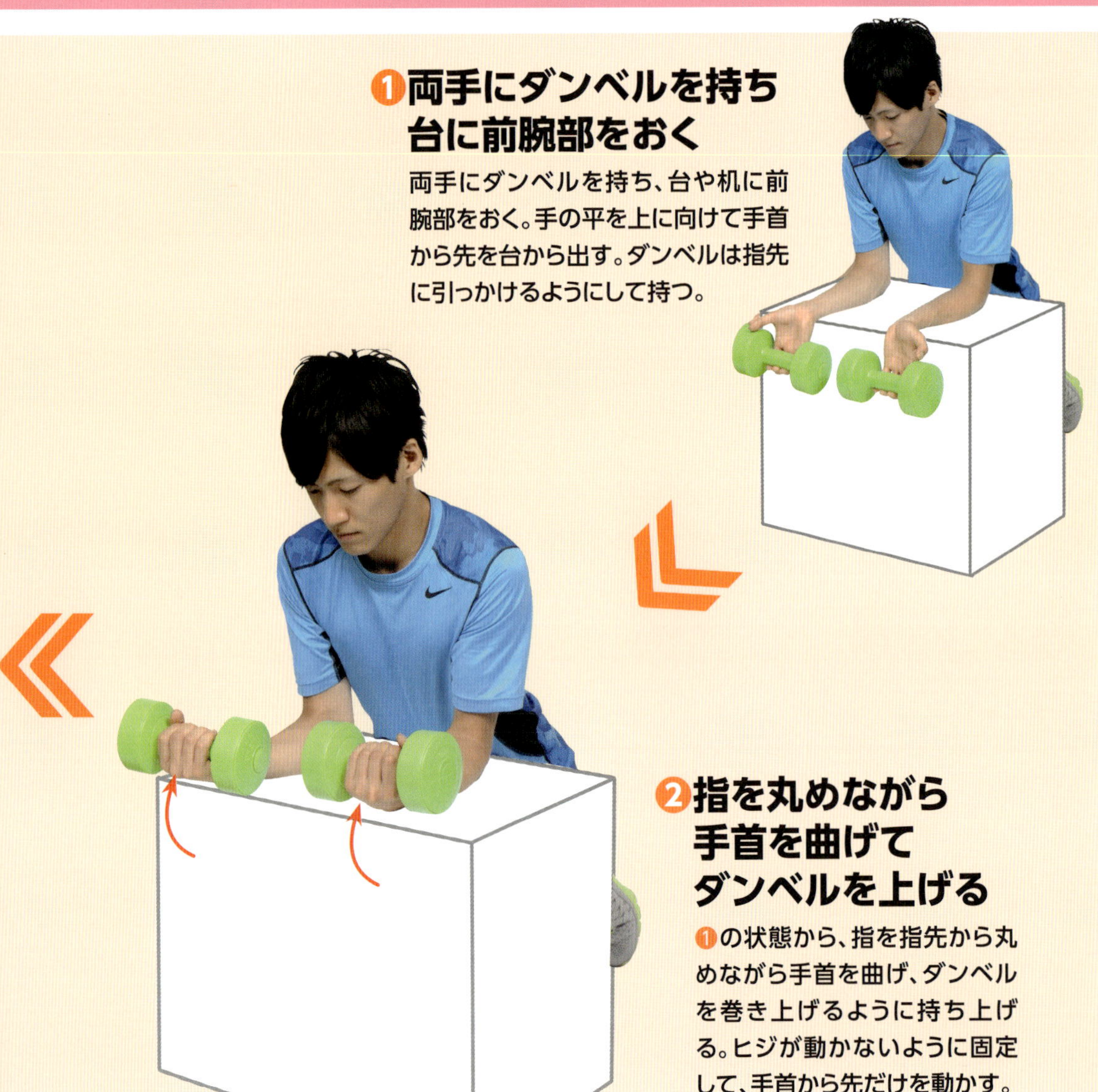

❶両手にダンベルを持ち台に前腕部をおく

両手にダンベルを持ち、台や机に前腕部をおく。手の平を上に向けて手首から先を台から出す。ダンベルは指先に引っかけるようにして持つ。

❷指を丸めながら手首を曲げてダンベルを上げる

❶の状態から、指を指先から丸めながら手首を曲げ、ダンベルを巻き上げるように持ち上げる。ヒジが動かないように固定して、手首から先だけを動かす。

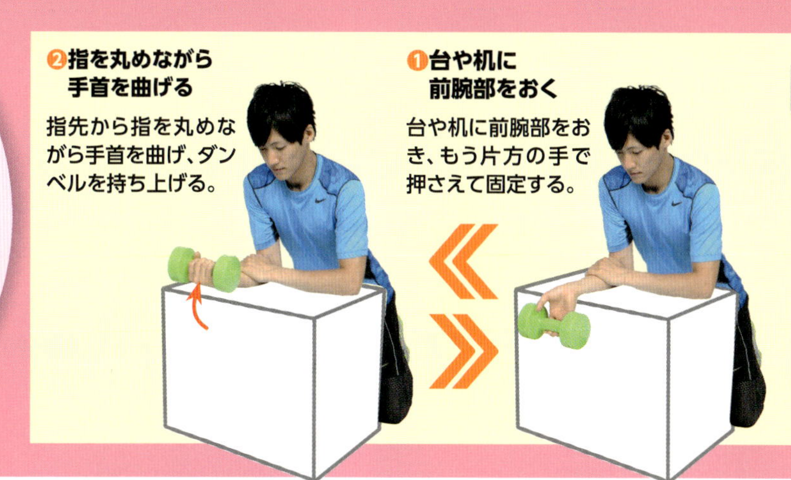

❷指を丸めながら手首を曲げる

指先から指を丸めながら手首を曲げ、ダンベルを持ち上げる。

❶台や机に前腕部をおく

台や机に前腕部をおき、もう片方の手で押さえて固定する。

バリエーション

片手で行うことにより手首と指の動きに集中

片手で行うバリエーション。空いている手で前腕部も固定できるため、両手で行う場合より、手首と指の動きに集中できる。手首の稼働範囲が少し広くなる効果も。

NG

手首だけを動かす

手首だけの動きでは、指の関節をまたぐ筋群は伸ばせない。指や手の平も一緒に伸ばすことで、前腕屈筋群を全体的に伸ばせる。

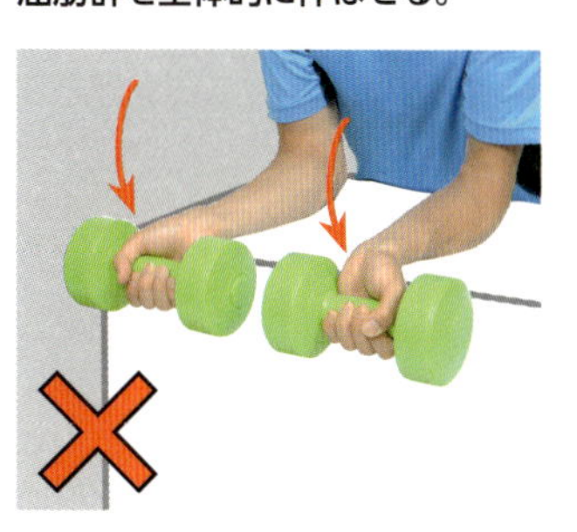

バリエーション❷

前腕部を太ももに乗せて行う方法

イスに座り、前腕部を太ももに乗せて行う方法。手首と指を一緒に動かす基本は同じ。

ストレッチポジション

❸手首を伸ばしながら指も伸ばしダンベルを下ろしていく

❷の状態から、手首を伸ばしながら、手の平を開くように指を伸ばし、ダンベルを下ろしていく。❶の体勢と同じように、ダンベルを指先に引っかけて持つ状態へと戻る。

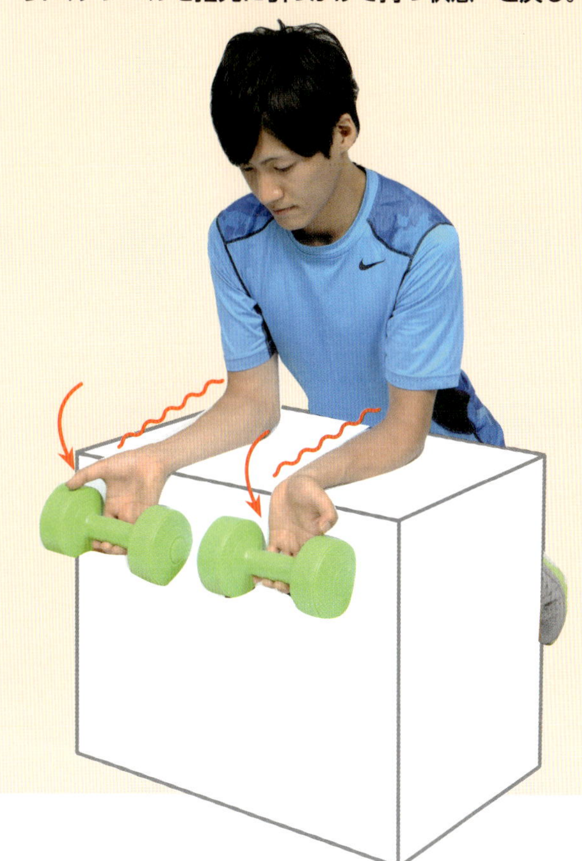

伸びる筋肉

前腕前面

前腕屈筋群

前腕屈筋群

前腕(前面)のストレッチ

前腕から手先にかけての屈筋群を伸ばす

前腕前面には、手関節(手首)だけでなく、ヒジ関節や指の関節もまたぐ多関節筋が集まっているため、伸ばし方が異なる複数の種目で、前腕前面から手の平、指までまんべんなく伸ばす。

ヒジを伸ばした状態で手首と指を同時に反らせる

ヒジを伸ばした状態で、人差し指〜小指の4本指と手首を一緒に反らせて、ヒジ関節、手関節、指の関節をまたぐ上腕前面の二関節筋や三関節筋をストレッチする。イスに座り、上体を安定させて行う。

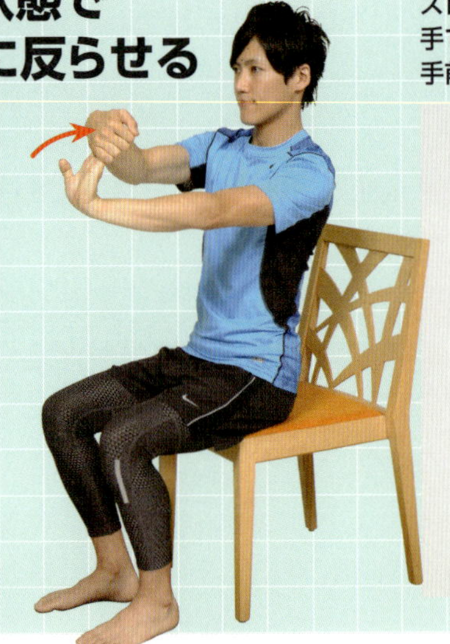

ストレッチする腕のヒジを伸ばし、もう片方の手で指先を手の平側から持つ。そこから指先を手前に引き寄せ、手首と指を一緒に反らせる。

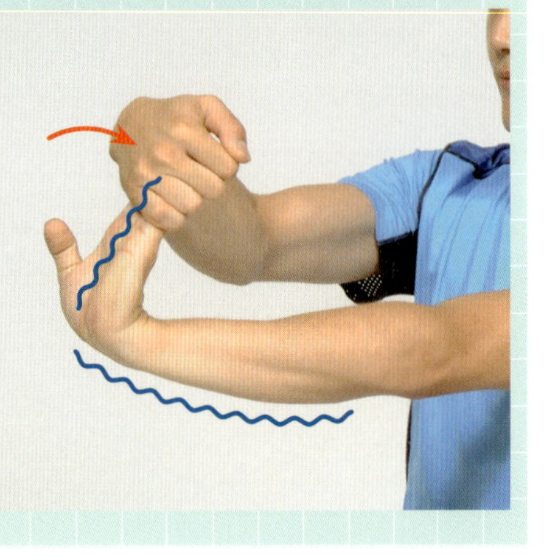

四つんばいになり、前腕前面を正面に向けて手の平を床に付ける。このとき指先は自分のほうに向いた状態。そこから床を押すことでさらに強く前腕前面をストレッチできる。立ったままテーブルや机に同じように手を付いて行う方法もある。

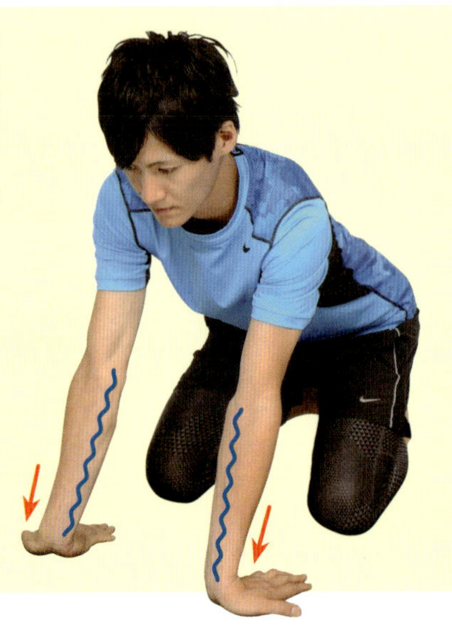

バリエーション

床に手を付いて手首を強く反らせる方法

床に両手を付いて前腕前面を伸ばすバリエーション。ヒジを伸ばしたまま手首を反らせる動きで、手関節とヒジ関節を曲げる働きのある二関節筋を中心にストレッチしていく。

バリエーション❷

ヒジを曲げた状態で手首と指を同時に反らせる

ヒジを曲げて、ヒジ関節をまたぐ筋肉を緩めた状態で、人差し指〜小指の4本指と手首を一緒に反らせる。手関節と指の関節を曲げる働きのある筋群を中心にストレッチする。

ストレッチする腕のヒジを曲げ、もう片方の手で指先を手の平側から持つ。そこから指先を手前に引き寄せ、手首と指を一緒に反らせる。

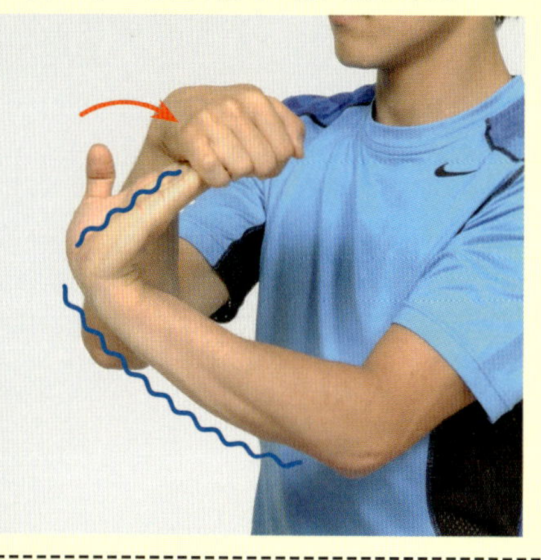

バリエーション❸

親指を付け根から反らせ母指球まわりを伸ばす

親指だけを反らせるバリエーション。親指を曲げる筋群をストレッチできる。親指の付け根だけでなく、親指全体を反らせるように引く。親指以外の4本指は曲げた状態で行う。

親指を付け根から伸ばし、親指自体も反らせることで、親指を曲げる働きのある長母指屈筋や短母指屈筋を集中的に伸ばせる。

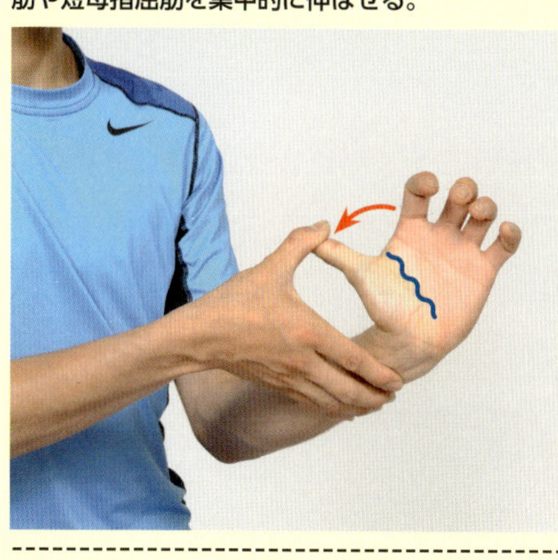

バリエーション❹

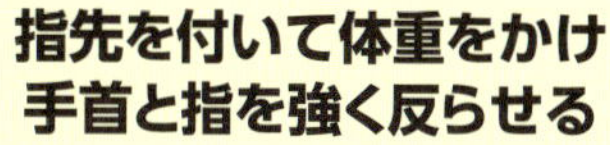

指先を付いて体重をかけ手首と指を強く反らせる

床に片手の指先を付いて伸ばす方法。ヒジを曲げた状態で親指を除く4本指と手首を反らせて、手関節と指の関節を曲げる働きのある筋群を強く伸ばしていく。

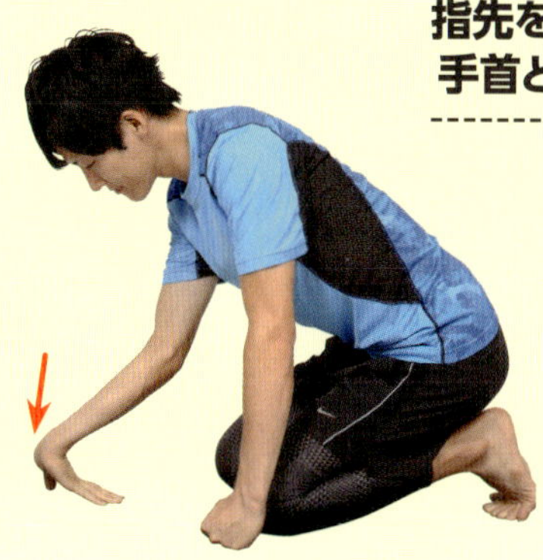

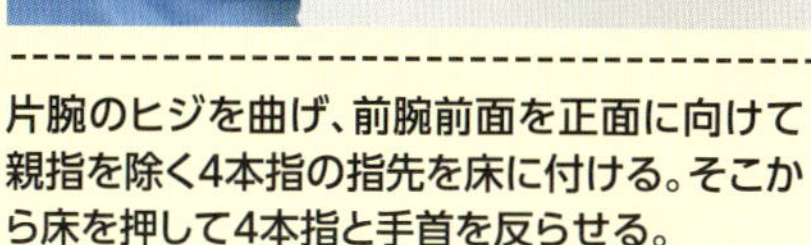

片腕のヒジを曲げ、前腕前面を正面に向けて親指を除く4本指の指先を床に付ける。そこから床を押して4本指と手首を反らせる。

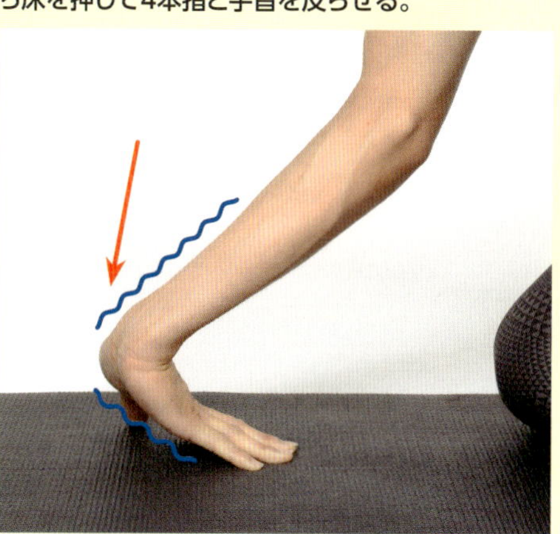

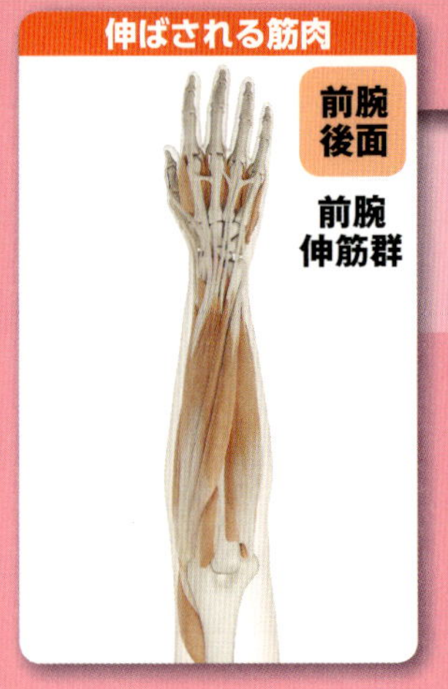

前腕（後面）の筋トレ

前腕後面を鍛えるダンベルリバースリストカール

手首（手関節）を返す動きで、前腕から手の甲にかけての伸筋群を鍛える。ダンベルを下ろす局面において、手関節をまたぐ前腕伸筋群がエキセントリック筋活動でダンベルを支えたまま伸ばされる。

❶手の甲を上に向けて台に前腕部をおく

両手にダンベルを持ち、台や机に前腕部をおく。手の甲を上に向けて手首から先を台から出し、手首を折り曲げてダンベルを下ろす。

❷手首を返してダンベルを持ち上げる

❶の状態から、手首を返してダンベルを持ち上げる。ヒジが動かないようにしっかり固定し、手首の動きでダンベルを上げていく。

❷手首を返して
ダンベルを上げる

手首をしっかり返してダンベルを持ち上げる。

❶太ももに
前腕部をおく

手の甲を上に向け、太ももに前腕部を乗せる。

バリエーション

太ももに前腕部を乗せる リバースリストカール

イスに座り、前腕部を太ももに乗せて行うバリエーション。適度なサイズの台や机がない場合はこの方法で行おう。手首を返してダンベルを持ち上げる動きは同じ。

POINT

「ハの字」気味に ダンベルを持ち上げる

ダンベルを「ハの字」気味にして持ち上げると、手首がしっかり返り、前腕伸筋群に負荷がかかる。

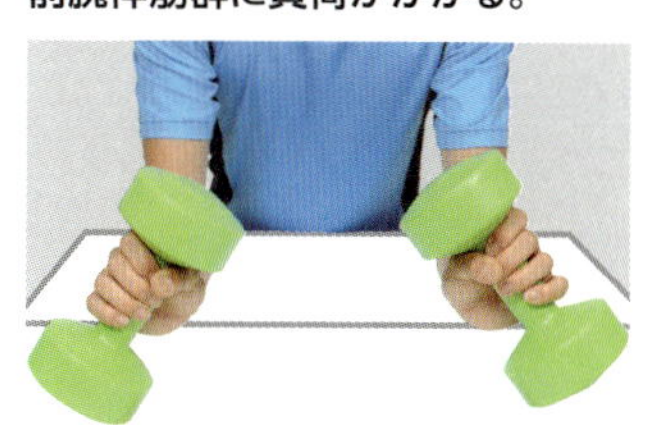

NG

ヒジが浮き上がる

ダンベルを下ろすときにヒジが台から浮き上がると、手首の稼働範囲が小さくなるのでNG。

ストレッチポジション

❸手首を曲げて ダンベルを下ろす

❷の状態から、手首を曲げてダンベルを下ろす。手首をしっかり曲げることで前腕後面がストレッチされる。

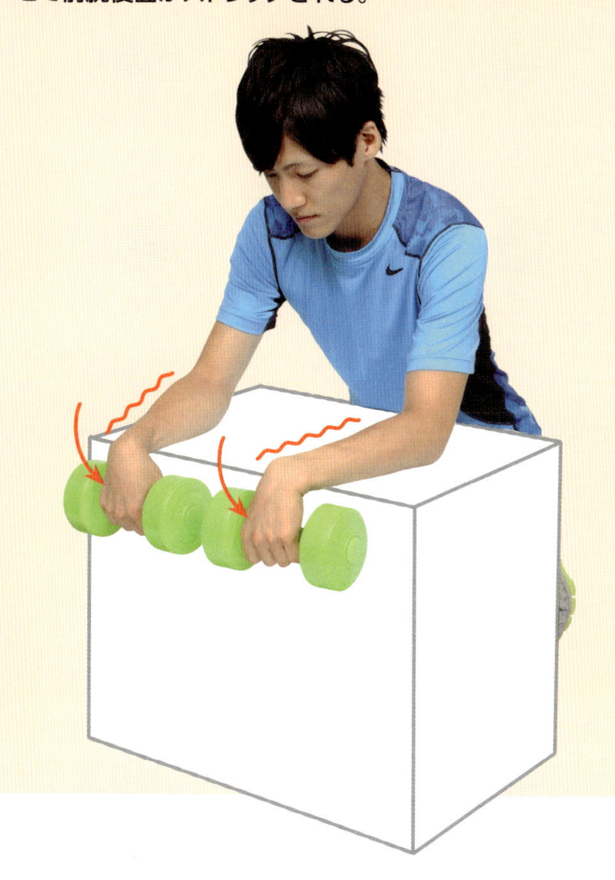

伸びる筋肉

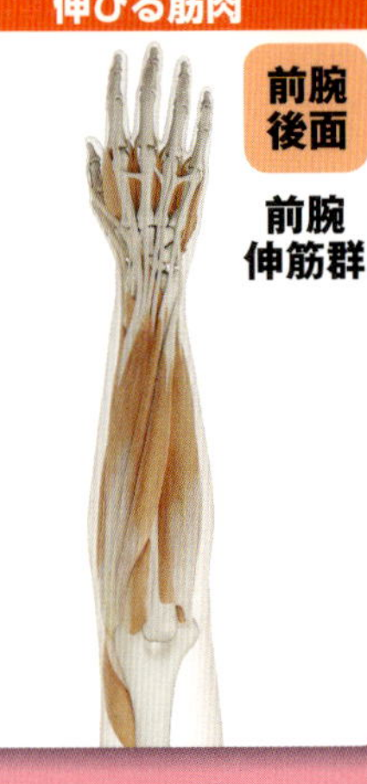

前腕伸筋群

前腕(後面)のストレッチ

前腕から手先にかけての伸筋群を伸ばす

前腕後面にも、手関節(手首)だけでなく、ヒジ関節や指の関節もまたぐ多関節筋が集まっているため、伸ばし方が異なる複数の種目で、前腕後面から手の平、指までまんべんなく伸ばす。

ヒジを伸ばした状態で手首と指を同時に曲げる

ヒジを伸ばした状態で、指と手首を一緒に折り曲げ、ヒジ関節、手関節、指の関節をまたぐ上腕後面の二関節筋や三関節筋をストレッチする。イスに座り、上体を安定させて行う。

5本指を束ねるようにもう片方の手でつかみ、手首と指の付け根を一緒に折り曲げる。前腕から指先が「コの字」になるぐらいまで折り曲げていく。

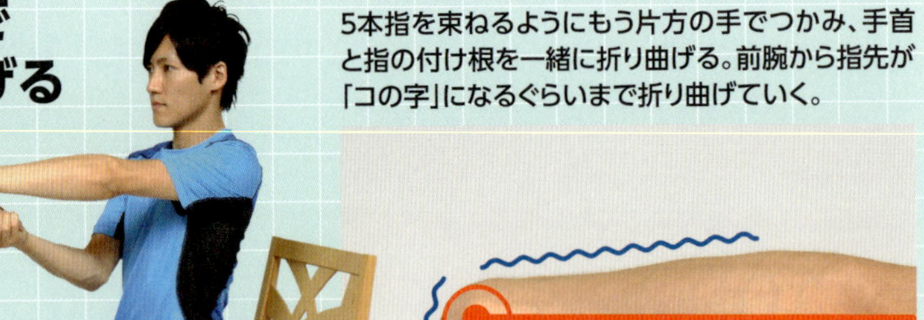

両ヒジを曲げた状態で指を床に押し付け、指の付け根と手首を折り曲げる方法。指の関節と手関節を伸ばす伸筋群がストレッチされる。

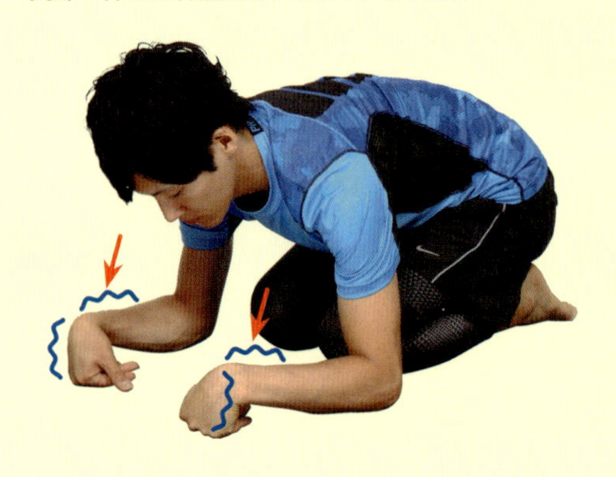

バリエーション

床に手を付いて手首を強く曲げる方法

両ヒジを伸ばした状態で手の甲を床に押し付け、手首を強く曲げる方法。手関節を伸ばす働きと、ヒジ関節を曲げる働きを併せもつ二関節筋を中心に伸ばせる。

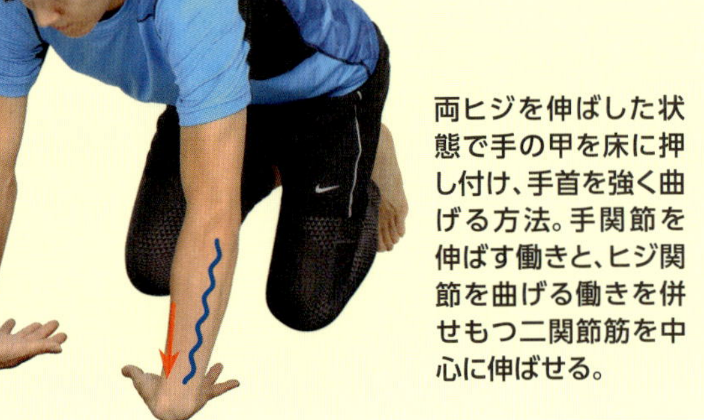

ストレッチする腕のヒジを伸ばし、もう片方の手で手の甲をつかみ、指を曲げずに手首だけを折り曲げる。動作中にヒジが曲がらないように注意。

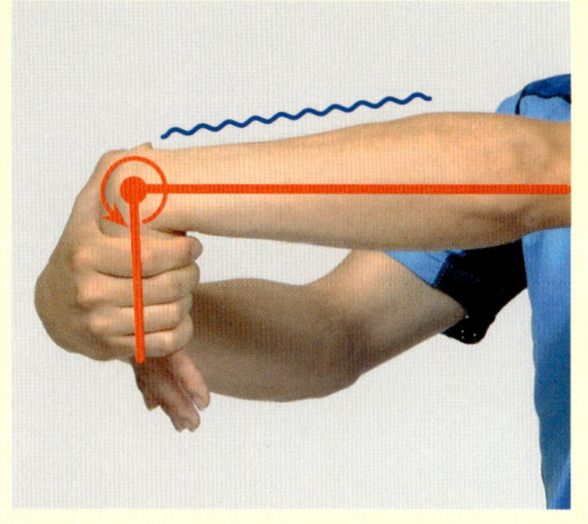

バリエーション❷

指とヒジを伸ばした状態で手首だけを曲げる

指とヒジを伸ばした状態で手首だけを曲げる方法。指とヒジを伸ばすことで、指先まで長く伸びている長指伸筋などが緩むため、それ以外の伸筋群を集中的に伸ばせる。

ストレッチする腕のヒジを曲げ、5本指を束ねるようにもう片方の手でつかみ、手首と指の付け根を一緒に折り曲げる。前腕から指先が「コの字」になるぐらいまで折り曲げる。

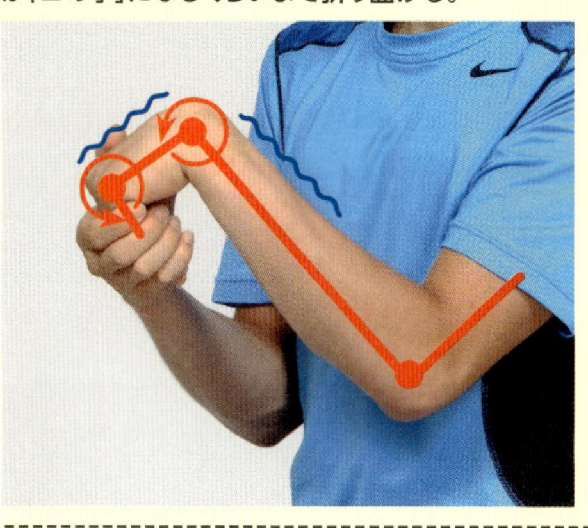

バリエーション❸

ヒジを曲げた状態で手首と指を曲げる

ヒジを曲げ、ヒジをまたぐ筋群を緩めた状態で、指と手首を一緒に折り曲げ、指の関節と手関節を伸ばす働きのある伸筋群を中心にストレッチする方法。

ストレッチする腕のヒジを曲げ、もう片方の手で手の甲をつかみ、手首を折り曲げる。手の甲を持っている手を、ストレッチする腕で押すと、手首をしっかり曲げることができる。

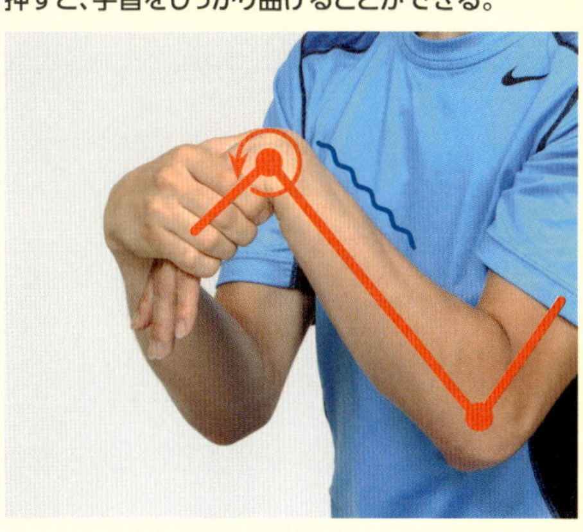

バリエーション❹

指とヒジの関節を緩め手首だけを曲げる

指を伸ばしてヒジを曲げた状態で、指の伸展とヒジの屈曲に働く筋群を緩め、手首だけに働きかける方法。手関節を伸ばす(手首を返す)働きのある単関節筋を集中的にストレッチする。

Column

柔軟性向上の長期的効果で関節動作の可動域を広げる

柔軟性の一過的な向上と長期的な向上の違い

本書で提案している「筋トレ＋ストレッチ」のプログラムを行えば、柔軟性向上の効果を得ることができます。しかし、その効果には、「一過的（急性）効果」と、「長期的（慢性）効果」という2種類の効果が存在します。

柔軟性向上における一過的効果とは、筋トレやストレッチで関節を大きく動かし、筋肉を伸ばした直後に、可動域が一時的に向上する効果を指したもの。スポーツの前にウォーミングアップを行うのも、この一過的効果を狙う意味が大いにあります。しかし、その効果は長続きせず、30分程度で元に戻るとされています。

それに対し、柔軟性向上の長期的効果とは、文字通り長期的に持続する効果を指します。本来、「柔軟性向上」とは、この長期的効果を得たことと同義になります。

ただし、長期的効果は一過的効果のようにすぐに効果を得ることはできません。筋トレやストレッチを継続して行うことが必要となるのです。

長期的な柔軟性向上は、序章でも解説した「筋肉が長くなる・伸びやすくなる」「関節周辺の組織が柔らかくなる」などの変化によるもの。このような本質的な変化を得るためには、やはり継続性が重要といえるでしょう。

日常生活にも現れる柔軟性の長期的効果

歩幅が狭い

股関節の可動域が小さいと、歩行時における歩幅も狭くなり、さらなる可動域の低下や、下半身の筋力低下を招く原因にもなる。

歩幅が広い

股関節の可動域が大きいと、日常生活でも関節を大きく使うため、歩行時における歩幅も広くなり、可動域や筋力は衰えにくくなる。

柔軟性向上の長期的効果によって、“可動域の広い体”を手に入れれば、P.19でも解説した通り、あらゆる日常生活動作で関節を大きく使えるようになる。逆に“可動域の狭い体”のままでは、普段から関節を大きく動かすことがなくなるため、運動不足に陥り、体の衰えを促進するリスクが高まる。高齢者の足腰が弱くなるのも、股関節の可動域が狭くなったことに起因する下半身の筋力低下が、主な原因となっている。

第7章

目的別プログラム

本章では、「筋トレ＋ストレッチ」のプログラムメニュー例を紹介します。
ここから自分の生活習慣や体力レベルに合ったメニュー内容にアレンジしていってください。
各プログラムは、1日ではなく、2～3日かけて、全種目を消化するペースで行っても良いでしょう。

パフォーマンスを向上させたい競技者や、趣味でスポーツを楽しんでいる人を対象にした競技別の「筋トレ+ストレッチプログラム」を早見表でチェック。これをもとにプログラムメニューを作成し、個人的に硬さを感じる部位や、柔軟性を高めたい部位の種目をプラスしていくと良いでしょう。筋トレ種目は10回が限界となる負荷で3セット、ストレッチ種目はイタ気持ちいい強度で15～30秒伸ばすことが目安となります。

	92〜95	106〜109	102〜105	78〜81	112〜115	116〜119	96〜101	120〜123	120・124	126〜129	130〜131	52〜55	60〜63	64〜67	56〜59	68〜71	72〜75
	お尻側部（中殿筋・大殿筋上部〜中央）	股関節内旋筋群（中殿筋前部・小殿筋前部・大内転筋など）	股関節外旋筋群（大殿筋・大腿方形筋・内閉鎖筋など）	股関節深部（前側）（腸腰筋）	太もも前面（大腿四頭筋）	太もも裏（ハムストリング）	太もも内側（内転筋群）	ふくらはぎ（上部）（腓腹筋）	ふくらはぎ（下部）（ヒラメ筋）	すねまわり（長趾伸筋・長母趾伸筋・前脛骨筋）	足裏（足裏の筋群）	脊柱まわり（脊柱起立筋）	脇腹の側屈（外腹斜筋・内腹斜筋）	脇腹の回旋（内腹斜筋・外腹斜筋）	腹部（腹直筋）	胸郭まわり（前鋸筋・大胸筋・小胸筋など）	首まわり（頸部の屈曲筋群・伸展筋群・側屈筋群）
	◎	△	○	◎	○	◎	◎	◎	○	○	△	○	○	○	○	△	
	△	△	◎	△	○	○	△	◎	◎	◎	◎	○	○	○	○	△	
	◎	△	△	○	○	◎	○	○	○	△	△	○	○	◎	○	○	
	○	○	○	◎	◎	◎	○	○	○	○	△	○	○	○	○	△	○
	○	△		○	○	◎	◎	○	○	△	△	○	○	◎	○	○	
	△	△	○	△	○	○	○	△	△	△	△	○	○	◎	○	○	
	○	△	△	○	○	○	○	○	○	△	△	○	○	○	○	◎	
	○	△	○	○	○	◎	○	○	○	○	△	○	○	○	○	○	
	△	◎	◎	◎	○	○	◎	○	○	○	△	○	○	○	○	◎	
	○	◎	◎	◎	○	◎	◎	◎	◎	△	△	○	○	◎	◎	○	○
	○	◎	◎	◎	○	◎	○	○	○	△	△	◎	◎	◎	◎	◎	◎

競技別プログラム早見表

◎・・・積極的に行うべき　○・・・行うべき　△・・・できれば行うべき

掲載ページ	134～137	150～153	154～159	138～141	142～145	146～149	166～169	170～173	174～177	178～181	160～161	162～163	82～85	86～91
筋トレ種目＋ストレッチ種目 ※(　)内は各部位の種目を行ううえで、ターゲットとなる筋肉名	胸(大胸筋)	肩(前部)(三角筋前部)	肩(中部～後部)(三角筋中部～後部)	背中(側部)(広背筋)	背中(中央)(僧帽筋中部・広背筋上部)	首の付け根(僧帽筋上部)	上腕(前面)(上腕二頭筋)	上腕(後面)(上腕三頭筋)	前腕(前面)(前腕屈筋群)	前腕(後面)(前腕伸筋群)	肩深部(前面)(肩甲下筋)	肩深部(後面)(棘上筋・棘下筋・小円筋)	お尻(下部)(大殿筋下部)	お尻(上部～中央)(大殿筋上部～中央)
陸上(短距離)	△	◎	◎	△	△		△	△					◎	◎
陸上(長距離)	△	△	△	△	△								△	△
野球	◎	△	◎	◎	◎	○	△	○	◎	○	◎	◎	○	◎
サッカー	△	△	△	△	△	○	△	△					○	○
テニス	◎	○	◎	○	○	○	○		◎	◎	◎	◎	○	○
ゴルフ	△	△	△	△	△	○	△		◎	○	○	○	△	△
バレーボール	◎	△	◎	◎	◎	○	○	○	○		◎	◎	○	○
バスケットボール	△	△	△	△	△		△	△	△		△	△	○	○
水泳	◎	◎	○	◎	◎	○	○	○	◎	△	◎	◎	△	△
ボクシング・空手	○	○	○	◎	◎	○	○	△		△	△	△	○	○
柔道・レスリング	◎	○	○	◎	◎	◎	◎	◎	◎	○	○	○	○	○

プログラム1【初心者向け】
▼ストレッチ

全身

体幹
脊柱まわりのストレッチ ▶P.54
腹部のストレッチ ▶P.58
脇腹の回旋のストレッチ ▶P.66
胸郭まわりのストレッチ ▶P.70

股関節
股関節深部（前側）のストレッチ ▶P.80
お尻（下部）のストレッチ ▶P.84
お尻（上部〜中央）のストレッチ ▶P.90

ヒザ関節
太もも裏のストレッチ ▶P.118

肩関節
胸のストレッチ ▶P.136
背中（側部）のストレッチ ▶P.140
首の付け根のストレッチ ▶P.148

体力に自信のない人はまずストレッチから

体力に自信がないという人は、まずストレッチからはじめればOK。ストレッチに慣れてきたら、徐々に筋トレをメニューに取り入れていきましょう。ストレッチメニューの組み方に関しては、明確な答えがなく、人によって最適なプログラムも異なります。

すべての人に共通する基本的な考え方としては、「胴体まわり（体幹）」を優先すること。具体的には、体幹（2章）、股関節（3章）、肩関節（5章、肩甲骨を含む）が特に重要な部位となります。体の中心である体幹から股関節、肩関節の順で各部位とも複数のストレッチ種目を実施。同じ部位でも前側と後ろ側、表と裏などバランスよく種目を選ぶことも重要です。

さらに、重点的に柔軟性を高めたい部位がある場合、その部位だけ伸ばす時間を長くするなど、自分の目的に合ったアレンジを加えていきましょう。

プログラム②【中・上級者向け】
筋トレ+ストレッチ

柔軟性&筋力を高める王道プログラム

本書のテーマである「筋トレ+ストレッチ」の王道的プログラム。

胴体まわり（体幹、股関節、肩関節まわり）の大筋群を中心にバランスよく全身を伸ばしていきます。1章でも解説したように、ウォーミングアップが済んだら、実施する順番は「筋トレ⇒ストレッチ」の順が有効です。

最も気をつけておきたいのは、筋トレで柔軟性を高めるためのポイント（→P.44）をしっかり押さえて行うこと。なぜなら、一般的な筋トレと、体を柔らかくすることを目的とした筋トレでは、同じ種目でも実施する際のポイントが少し変わってくるからです。

筋トレの負荷と回数については、8～10RMで限界の回数まで行うのが基本。10回以上できてしまう時は負荷を高め、それでも10回以上できるという場合は、セット間のインターバルを短くするなど工夫してみましょう。

プログラム③【中・上級者向け】
▼筋トレ＋ストレッチ

体幹

重要な体の中心である胴体まわりを伸ばす

脊柱（背骨）を多方向に動かす体幹部分の可動域が広くなれば、体を中心から大きく動かすことが可能となります。スポーツではあらゆる競技においてパフォーマンスの向上につながり、日常生活でも姿勢の改善や腰痛予防といった恩恵を得ることができます。全身の中でも、最も柔軟にしておくべき優先度の高い部位といえるでしょう。

脊柱は三次元に可動する関節であるため、「筋トレ＋ストレッチ」も全方向にまんべんなく行うのが理想的。脊柱を前後に曲げ伸ばしする動き（屈曲・伸展）をはじめ、横へ曲げる動き（側屈）、左右へひねる動き（回旋）、さらには胸郭を広げる動きなどで、体幹全体を伸ばしていきます。

また、体幹の可動域を広げることで、意識しにくい体幹の動きが意識できるようになり、体の芯からしなやかに動くことができるようになります。

プログラム④【中・上級者向け】
▼筋トレ＋ストレッチ

下半身

股関節まわりを中心に下半身全体を伸ばす

体重を支える下半身は、日頃から疲れが溜まりやすい部分。このプログラムでは、脚の付け根である股関節を中心に下半身全体を伸ばしていきます。

下半身を動かす際は、股関節から太ももを大きく振る動きが特に重要となるため、まずは股関節を重点的に伸ばすことが基本となります。

体幹同様、股関節も三次元に可動する関節であるため、前後に曲げ伸ばしする動き（屈曲・伸展）だけでなく、左右の動き（内転・外転）、ひねる動き（内旋・外旋）も取り入れ、股関節を多方向に伸ばしていきましょう。

さらに、ヒザ関節と足関節の種目も併せて行うのが理想的。股関節・ヒザ関節・足関節は、体重を支えながら密接に連動するため、どれか一部が硬くなると、ほかの部位にも影響がおよぶ危険もあります。だからこそ下半身全体を伸ばすことが重要なのです。

プログラム⑤【中・上級者向け】
▼筋トレ+ストレッチ

肩・肩甲骨

腕の動きの起点となる肩関節周辺を伸ばす

肩関節および肩甲骨の種目を行ううえでポイントとなるのは、「肩甲骨は胸郭の背面をスライドして動く」ということ。言い換えると、腕は肩から先だけでなく、その土台となる肩甲骨自体から動かすことができます。肩関節の「筋トレ+ストレッチ」を行う際も、肩甲骨そのものを大きくスライドさせて動かすことを意識しましょう。

肩関節は、股関節と同様に三次元に可動する関節です。そのため、関節全体の可動域を高めるためには、前後の動き(伸展・屈曲)や左右の動き(内転・外転)に加え、内外にひねる動き(内旋・外旋)も取り入れて、多方向に伸ばしていく必要があります。

また、首の付け根部分にある僧帽筋は、肩コリの原因になりやすい部分。デスクワークなどで疲れが溜まりやすい人は、僧帽筋の上部を重点的に伸ばしていくとよいでしょう。

<モデル>

園部美津子

BRAFT所属。フィットネスインストラクター、パーソナルトレーナーとしてスタジオレッスンや運動指導を行うとともに、モデルとしても活動。

鍛治知章

BRAFT所属。フィットネスインストラクターとして格闘技系プログラムを中心にレッスン指導を行うほか、パーソナルトレーナーとしても活動。

<写真・イラスト協力>

Shutterstock

<ウエア協力>

ナイキジャパン

●著者

荒川裕志（あらかわ・ひろし）

国際武道大学体育学部助教。1981年、福島県生まれ。国立スポーツ科学センター・スポーツ科学研究部研究員を経て現職。早稲田大学理工学部卒業。東京大学大学院総合文化研究科博士課程修了。博士（学術）。専門はバイオメカニクス・トレーニング科学。スポーツ科学の研究者でありながら、元プロ格闘家としての顔も持つ。著書に『体が硬い人のためのストレッチ』『効く筋トレ・効かない筋トレ』（以上、PHP研究所）、『最強の自宅トレーニングバイブル』（マイナビ）、『筋肉の使い方・鍛え方パーフェクト事典』（ナツメ社）など多数。

体が硬い人のための
関節が柔らかくなるストレッチ&筋トレ

2016年1月5日　第1版第1刷発行

著　　　者―――荒川　裕志
発　行　者―――安藤　卓
発　行　所―――株式会社 PHP研究所
京都本部　〒601-8411　京都市南区西九条北ノ内町11
文芸教養出版部
生活文化課　☎075-681-9149（編集）
東京本部　〒135-8137　江東区豊洲5-6-52
普及一部　☎03-3520-9630（販売）
PHP INTERFACE―http://www.php.co.jp/
印刷・製本所―――凸版印刷株式会社

ISBN978-4-569-82862-6

◎装幀……………………… 藤田大督
◎編集制作……………… ㈱アーク・コミュニケーションズ（谷口洋一）
◎本文デザイン・DTP … ㈲エルグ（玉井真琴）
◎撮影……………………… 清水亮一（アーク・フォトワークス）